畑村式
「わかる」技術

畑村洋太郎

講談社現代新書

1809

はじめに

私が長年、専門の機械設計を通じていつも考えていたのは、まったくのゼロの状態から新しいもの（ここで言う「もの」は形あるものに限らず、すべてのアイデアを含みます）をつくるための方法、言い換えれば「創造の方法」です。そしてその中から「失敗学」が生まれてきましたが、それは創造の過程で、失敗の扱いがいかに大切であるかに気づいたからです。

ところがさらに考えを進めていくと、創造であれ失敗であれ、それをやる人間の頭の中の動きを知らなければ話にならないことに気づいてきました。

そこでいろいろ考えているうちに至ったのが、本書のテーマである「わかる」ということなのです。創造や失敗について考えるときは、まず事象をしっかりと理解することから始める必要があります。「しっかりと理解する」ためには、まずは「わかる」ということの仕組みをきちんと知っておく必要があるし、さらに「わかる」仕組みを積極的に利用することが創造したり失敗を扱う上で大きなプラスになることがわかってきたのです。

もともと人間は昔から、「わかる」ということについて真剣に考えてきました。人間の大きな武器である「好奇心」だって知らないことを知りたい、わかりたいという欲求ですし、好奇心を持っていたからこそ人間は科学や技術を発展させ、今日の繁栄を築くことができたのです。またわかったことを後世の人間に伝えたいと先人たちが努力したからこそ、私たちは、先人の失敗を乗り越え、生まれながらにして膨大な知識を享受できるようになりました。

ここで、いまの社会に話をうつすと、「わかる」ということを巡っては現在ふたつの大きな流れがあることが見えてきます。

ひとつは「もっとわかりやすく」という欲求の高まりです。これは現在われわれを取り囲むすべてのシステムが巨大化されたため、全体の理解ができにくくなっていることの反映なのです。これだけ社会や技術が複雑化すると、政治にせよ、経済にせよ、産業にせよ、以前のようにすぐにわかるようなシンプルなものではなくなりました。たとえば日本で自動車一台つくるにも、いまでは国内はもとより、アメリカ東部にいる株主、中国の労働者からアメリカ中西部の消費者、アマゾンの熱帯雨林、南極で広がるオゾンホールまで考えに入れなくてはいけません。

そうなってくると人々は逆に「もっとわかりやすく説明してくれ」と言うようになります。世の中わからないことだらけだから、せめて少しでもわかりやすくしてくれと、欲求するようになるのです。本などをつくるときにも基本はとにかく「わかりやすく」です。しかしここで注意していただきたいことがあります。「わかりやすく」はものごとを単純化して話したり、平易な言葉で表現すれば実現できると考えている人がいますが、それは明らかな間違いだと思います。だからそこには「わかりやすさ」が持つ落とし穴があることも知っておいていただきたいのです。

またもうひとつは「わかる」人に対する需要の高まりです。本書を読んでいただければわかりますが、「わかる」人とは、自分でゼロからつくりあげていくことのできる人のことです。逆に従来の秀才型のように、答えをたくさん知っていて、問題解決が速いだけという人はいまの時代、どんどん尊敬されなくなっています。なぜなら現代は、こうすればよい、というはっきりした答えが見つからない時代だからです。そうした時代にはジタバタしながらも自分の力で「わかる」能力を身につけた人が、求められるようになってきているのも当然かもしれません。

私はこれらの二つの「もっとわかりやすく」することと「わかる人」をつくることを実現するためには、従来からの手法をとり続けても不可能ではないかと考えています。それではどうすればよいのか、を考えた結果が、本書で紹介するように、まず「わかる・理解する」というときの頭の中の動きを直視し、そこで得られる知見を積極的に応用し、さらにそれを継続的に実行する、ということなのです。

この本の構成について簡単に説明しておきましょう。

まず第1章では、「わかる」とは何かについて、さまざまな角度から説明しています。ここでは、人が「わかった」と感じる仕組みについての説明から始まり、「本当にわかる」ことがなぜ創造と結びつくのかということについて述べています。そのなかでは「わかる」を巡る教育のおかしさ、「わかりやすい」ことの落とし穴などについても触れています。

第2章では、「わかる」ためには日々の活動でどうすればよいかについて説明しています。ここでは主に「わかる」ためには、自分からアクティブに動くことが、いかに大切かについて述べています。

第3章では「わかる」ということを具体的なノウハウで紹介しています。人に自分の考えを伝えるには何が大事か、言葉と絵との組み合わせが人の考えの伝達に非常に有効であること、本当のことをわかるには現地・現物・現人の「三現」を実践する必要のあることを指摘し、さらに「わかる」を新しいアイデアに結びつけていくための私なりの方法そして見学の印象記のまとめ方や自分流の日記のつくり方についても説明しています。

本書のような内容の本は、おそらくいままで誰も書かなかったことだと思います。しかし現在のように新しいことに挑戦して行動することが強く求められているときにその基本的な考えを示唆することは大いに意味あることと考え、本書をつくりました。

この本を読んで、「わかる」ための一歩を踏み出していただければ幸いです。

目次

第1章　「わかる」とは何か

1 「わかる」とはどういうことか

テンプレートの一致

そもそも「わかる」というのは、どういうことなのでしょうか。私たちはあるものを前にしたとき、いったいどのようにしてそれを理解しているのでしょうか。

ある話を聞いたり、目の前に示された現象を観察したとき、そのことについてなんとなくでも理解することができれば、私たちはそのことを「わかった」と思います。この「わかった」という感覚は、どのようにして生み出されるものなのでしょうか。

ちなみに、こうした理解の仕組みについては、拙著『創造学のすすめ』(講談社)の中でも触れています。これと重複する部分もかなりありますが、ここで簡単におさらいをしておきたいと思います。

世の中のすべての事象(事実、現象)は、いくつかの「**要素**」が絡み合う形で、ある「**構造**」をつくりだしています。しかも、ひとつの「構造」しかない単純なものは珍しく、多くの場合は、異なる「構造」がいくつかまとまる形で成り立っています。このように複数の「構造」を集めてできあがったものを私は、「**全体構造**」と呼んでいます。

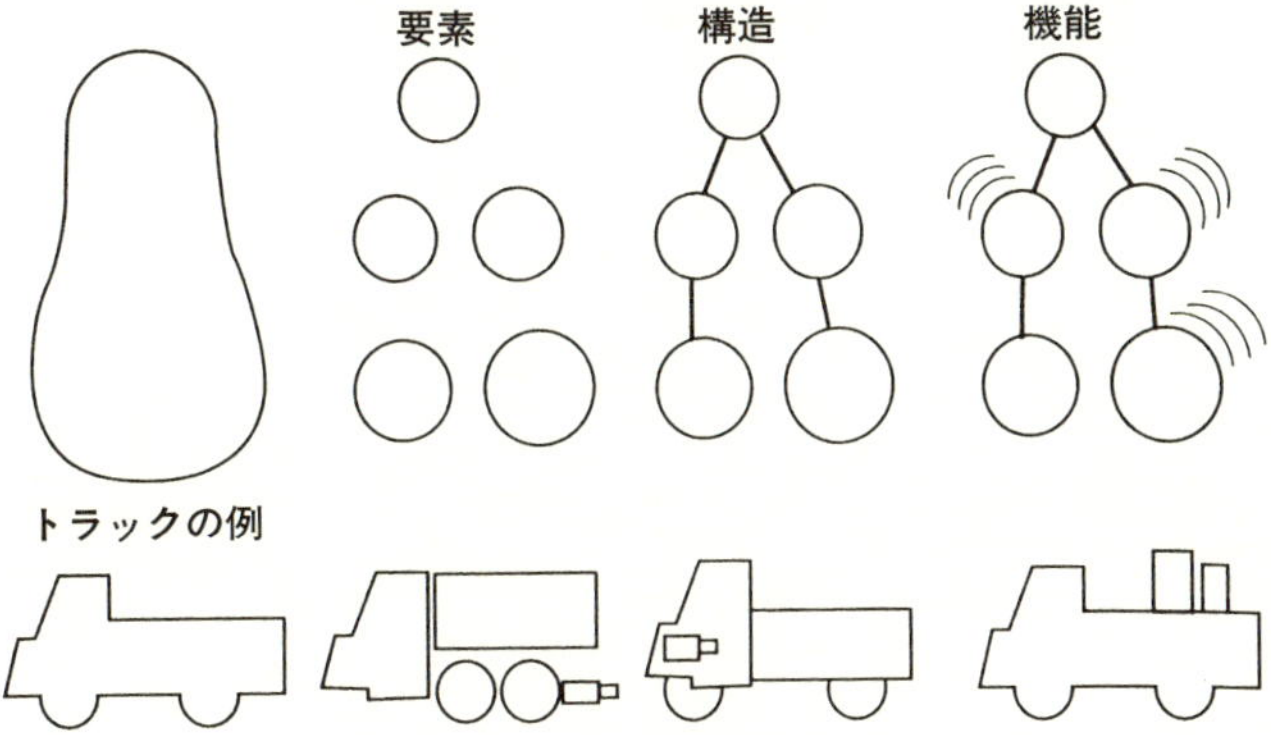

すべては要素・構造・機能で表現できる

たとえば、ここに一台のトラックがあったとします。トラックを構成する最もベースの部分にあるのは、部品とそれをつなげるねじなどです。この一つひとつの部品が、いまの話に出てきた「要素」になります。そして、これを組み合わせることで成り立っているのが、エンジンやタイヤ、あるいはハンドルやアクセル、ブレーキなどの「構造」です。さらには、この構造同士を組み合わせると、トラックという「全体構造」となり、何らかの働き「機能」を待ちます。

いまの説明で「ちょっとわかりにくい」と感じた人は、小さなものがいくつか集まってある大きなものができている姿だけでもなんとなくイメージしてください。これから話を進めるうえで、これがまず頭の中に描いてもらいたい、世の中のすべての事象に共通する基本的なモデルになります。

おそらくほとんどの人は、日々自分の周りで起きている事象に関して「わかっている」という感覚を持っているはずです。日常的に目の前で起こっている事象というのは、ほとんどの場合、日々の繰り返しであったり、過去に自分が経験したことだったりします。このためその人の頭の中には、すでにその事象についてのモデル（要素と構造）がインプットされています。ですからモデルどおりの事象を目の前にすると、人は瞬時にそれを「わかった」と感じることができます。

このとき無意識のうちに行っているのは、それまで自分が学習してきたものとの一致点の確認です。頭の中では、あたかも目の前の事象が何かの形をした映像として映っているのでしょう。これを知識や過去の経験を取り込んでつくった、事象を理解するための自分なりの頭の中の**テンプレート**（型紙）のようなものと比較します。そして、一致していることが見つかったときにそのことが「わかる」と感じ、一致していることが見つけられないときに「わからない」と判断しているのではないでしょうか。

「要素の一致」「構造の一致」

もちろん、自分の頭の中のテンプレートとの一致を見るといっても、理解の度合いによって差があるように思われます。ちなみに、『創造学のすすめ』の中では、これについて三つのパターンを紹介しました。**「要素の一致」「構造の一致」「新たなテンプレートの構築」**という三つがそれです。

一番目の「要素の一致」は、頭の中にある要素のテンプレートと、目の前の事象の要素とが一致した状態をいいます。

たとえば、ここにリンゴがあったとします。これが「リンゴである」とわかるのは、その人が過去にリンゴを見たり食べたりした経験を持っていて、「リンゴというのはこういうものだ」という自分なりのテンプレートを持っているからです。このテンプレートは、形や味、あるいは香りや触ったときの感触など、多岐にわたるものからつくられています。

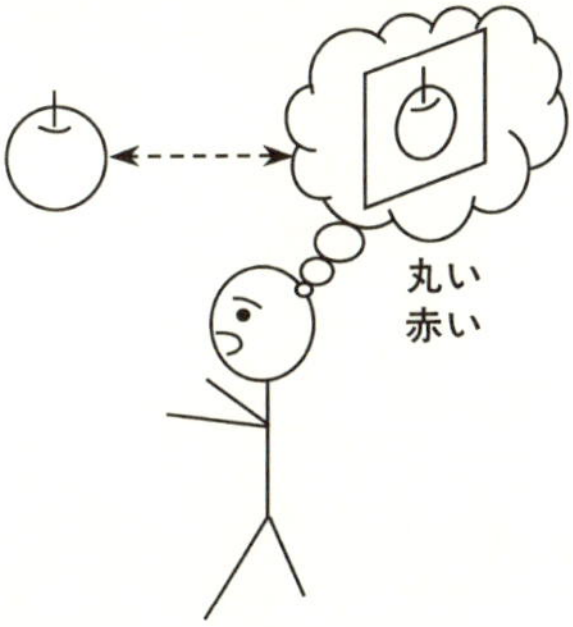

「要素の一致」でわかる
—リンゴの例—

ただし、ひと目見て「リンゴである」と判断するときには、これらをすべて使うことはありません。見た目で判断するときに使えるのは、せいぜい色と形くらいです。自分が持っているリンゴのテンプレートと目の前にあ

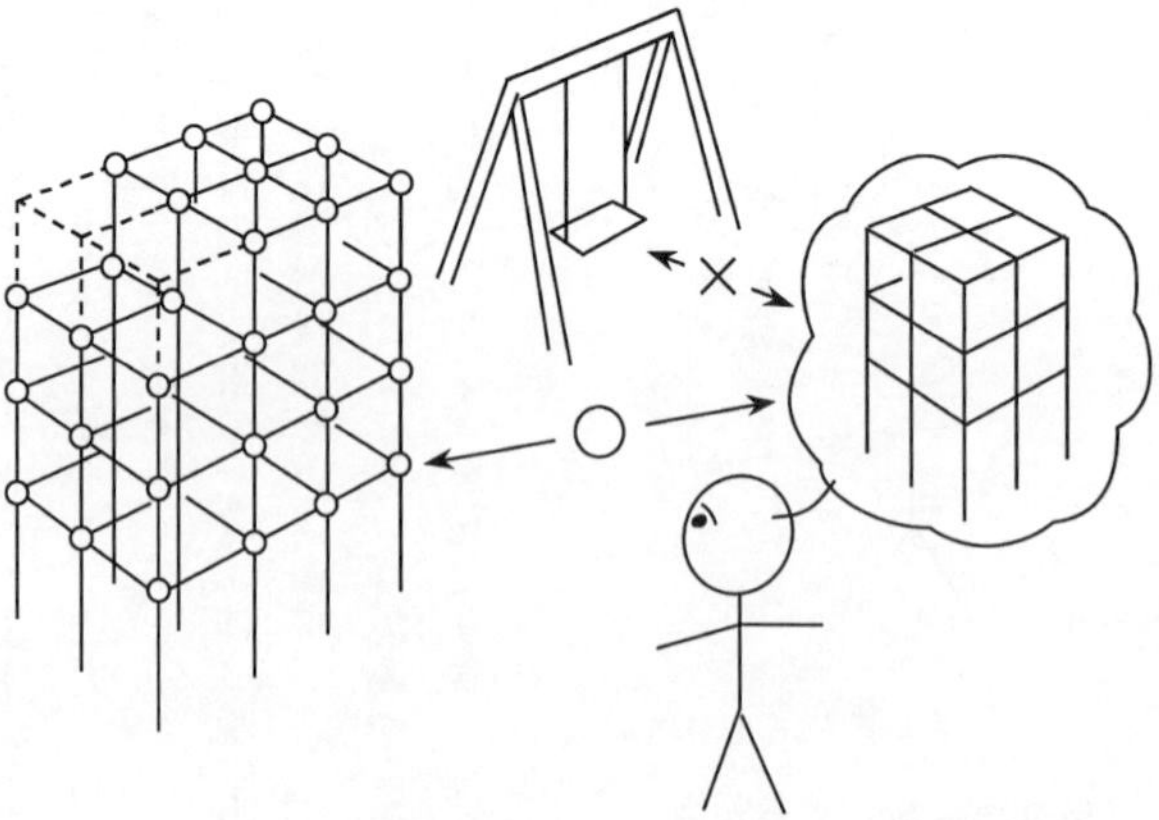

「構造の一致」でわかる
—ジャングルジムの例—

るものを比較して、「赤いもの」「丸いもの」といった色や形に関する要素が一致したときに、「これはリンゴである」と判断しているのです。これが「要素の一致でわかる」ということの中身です。

二番目の「構造の一致」は、「要素の一致」とよく似ています。前者とのちがいは、比較しているテンプレートが、「要素」ではなく要素同士の結びついた「構造」である点です。

単純な例として、たとえば公園などでよく見かける児童用の遊具にジャングルジムがあります。金属パイプを格子状に組み立てたものです。ジャングルジムには、金属パイプの組み合わせ方を変えたさまざまな形のものがありますが、ジャングルジムの正しいテンプレートを持っている人は、異なる形のものを見ても「これはジャングルジムである」とすぐに理解することができます。この場合、形状という要素ではなく、「金属パイプ（という要素）を格子状に組み立てた」構造に注目して見ているのです。この一致を見て理解する方法が、「構造の一致でわかる」なのです。

日々自分の周りで起こる事象にしても、そのほとんどについて人は頭の中に自分なりのテンプレートを持っているといってよいでしょう。たとえば通勤・通学で、電車の運行システムや駅について戸惑うことがないのは、どうやって会社や学校へ行くかテンプレートを持っているからですし、ルーティンの仕事や勉強で戸惑うことがないのも、それぞれの手順や人間関係についてのテンプレートを持っているからです。

「新たなテンプレートの構築」

この「要素の一致」と「構造の一致」のふたつに比べると、三つ目の「新たなテンプレートの構築」は質が異なります。目の前の事象の要素なり構造を見て、自分の頭の中にあるテンプレートとの一致を確認するというプロセス自体は同じです。しかし、そこから先の理解の仕方がまったくちがいます。

もともと目の前の事象と同種の要素なり構造のテンプレートが自分の頭の中になければ

「新たなテンプレートの構築」でわかる
―シチューの例―

ば、「要素の一致」や「構造の一致」を見るだけでは理解することができません。新しい事象に触れる場合はほとんどそうで、目の前の事象にうまくマッチするテンプレートが頭の中にできていないので最初は「わからない」のです。こうした事象を前にしたとき、そのことに興味を持ったり、理解できないことに不満を感じた人は、目の前の事象を理解しようと検討を始めます。そして、**自分がすでに頭の中に持っている要素や構造を使って新しくテンプレートをつくることで理解しようとする**のです。これが三つ目の「新たなテンプレートの構築」です。

たとえば、シチューを生まれてはじめて見る人がいたとします。その人は、シチューを前にして、それがどんなものかよくわからずに困惑することでしょう。ただし、その人はシチューの存在ははじめてでも、「みそ汁」や「スープ」などは飲んだことがあるとしましょう。すると、みそ汁やスープのテンプレートと完全一致はしないものの、シチューというものはみそ汁やスープと同じように、「液体状のものの中に素材が具として入っているんだな」と構造の類似点を手がかりにして、新しいテンプレートをつくっていくことになります。これが「新たなテンプレートの構築でわかる」ということです。

新たなテンプレートは、シチューの構造はみそ汁やスープと似ているけれど、「みそ汁とは具の素材や味付けがまったくちがう」とか「スープとは質感がちがう」という具合に、いろいろと検討を加えながら進めていきます。もちろん、この作業はシチューに詳しい人から教わることでもできますが、それよりも実際に自分でシチューを食べる経験をしたほうが断然うまくいきます。

たとえばジョン万次郎（中浜万次郎）という歴史上の人物がいます。万次郎は幕末期に高知の漁師の家に生まれましたが、一四歳のときに出漁中に漂流し、アメリカの捕鯨船に救助され、それが縁で日本人としてはじめてアメリカ本土を踏んだ人です。その後日本に帰国して幕末明治期を通じ日米の架け橋となり活躍しましたが、その彼がはじめてスープやシチューを飲んだとき、どのようにスープやシチューのことを理解したのでしょうか。

当時の庶民は当然スープやシチューについての知識はまったくありませんでした。彼は単純に「はじめて飲むけれどおいしいものだ」と思ってそのままスープやシチューについてのテンプレートを新しく自分の頭の中につくったのかもしれません。ただ彼は非常に優秀だったと伝えられていますので、スープやシチューの要素と構造をきちんと分析して、自分の知っているみそ汁と同種の要素と構造だと気づき、「具入りの汁」という一括《ひとくく》りの概念として認識したかもしれません。もしくはご飯とみそ汁、パンとスープというそれぞれの要素と構造の類似に気づき「液体状の副食」という概念として認識したのかもしれません。

たとえばいまでこそ多くの人が当たり前のように利用しているインターネットについてはどうでしょうか？　情報伝達手段として九〇年代の半ばから徐々に一般の人に広がったこの新しい道具については、おそらく多くの人が「テレビ」「本」「郵便」「電話」といった自分たちがそれまでにわかっていた要素や構造を通じて、インターネットへの理解を深めていったはずです。その理解を深める過程が新たなテンプレートづくりの過程であり、「わかる」過程そのものなのです。

この三つの理解のパターンは、私が長年、専門である機械工学において創造的な設計とはどんなことかを考えているうちに思い至ったものです。このことを考えるに当たっては、記憶障害、認知障害などの研究をしている山鳥重《あつし》氏が書いた『「わかる」とはどういうことか』（ちくま新書）という本もたいへん参考になりました。また、ここで私が述べていることは、たとえば脳科学の研究者が別の角度から同じような指摘をしています。

たとえば、日立製作所の基礎研究所で主管研究長をしていた小泉英明氏（現・同社フェロー）の研究などは、私の考え方を裏づけるものです。この人は、近赤外光を使った光トポグラフィというもので脳の機能の解析を進めている、日本の脳科学の最先端をいく研究者のひとりです。その小泉氏は、教育に直結する可能性がある脳の中の重要な現象として、「脳神経の髄鞘化《ずいしょうか》」というものがあると指摘しています。髄鞘化というのは、脳の中の神経のまわりに鞘《さや》ができる現象で、これによって神経の情報伝達速度が一桁から二桁速くなるということです（参考・小泉英明『脳は出会いで育つ』青灯社）。

頭の中に、事象を理解するためのテンプレートをつくるというのは、まさしくこの髄鞘化そのものです。ある事象についてきちんと考えた人の頭の中には、髄鞘化によってその事象を理解するための回路のようなものができていると考えられます。要素ないし構造が自分の持っているテンプレートと一致する別の現象を見たとき、瞬時に「わかった」と感じることができるのは、まさにそのためではないでしょうか。

ご存じのとおり、人間の脳の働きには、まだよくわからない未知のものがたくさんあります。しかし、いろんな人たちが研究に力を注いでいるので、脳科学が近い将来、私の考え方が正しかったことを証明してくれるのではないかと期待しているところです。

現象を見て「わかる」

目の前にある事象を見て、わかるパターンとして、「要素の一致」「構造の一致」「新しいテンプレートの構築」の三つの理解のパターンを説明しましたが、ちょっと別の角度から「わかる」過程を説明しておきたいと思います。

いま説明した三つの「理解」のパターンは、どちらかというと形を持っている、いわば静止した状態にあるものを対象にしています。では実際に動いている、動的な現象を理解する場合は、どのような形で理解しているのでしょうか。

左の図は、動的な現象を理解するプロセスを簡単に示したものです。見えた現象、観察した現象を(イ)とすると、まず最初にこれを静止させた状態で考えることから始めます。そして、**「構成要素の摘出」**を行ってその現象がどんな要素から成り立っているかを自分なりに考えるのです。

仮定によってこのとき摘出された要素は、それぞれが完全に孤立した状態にあるわけではありません。これらは単体でもある働きを持っているかもしれませんが、ほかのものと

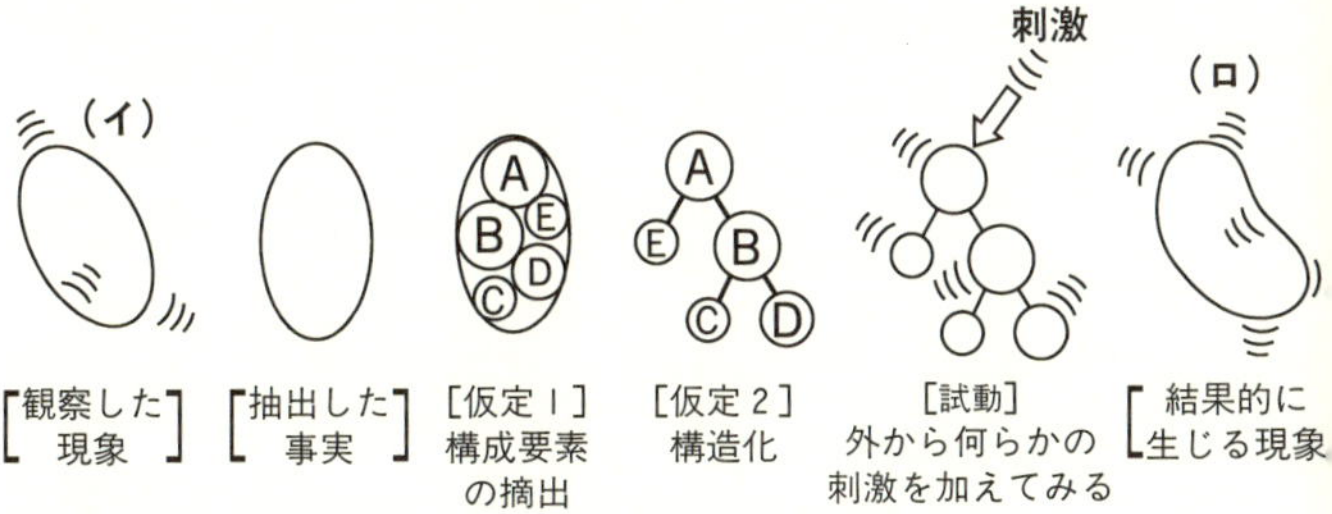

(イ)≒(ロ):仮定1 and/or仮定2が違っている➡わかっていないと思う

(イ)=(ロ):仮定1も仮定2も合っている　➡事実を理解したと思う

要素の摘出・構造化・試動を通じて
はじめてわかったと思う

結びつくことでさらにもっと大きな働きを生み出すという特徴を必ず持っています。そのことを前提にして要素同士の結びつきをやはり仮定として考えるのが、次の段階の「**構造化**」という作業です。これは、ある働きを持つ要素同士を組み合わせて別の大きな働きを持つ構造をつくることを通じて、はじめに観察した現象を再現するためのモデルを自分の頭の中につくり上げる作業であるというように言い換えることができます。

この構造化によって、現象のモデルを自分なりにつくりあげることができたら、それが正しいかどうかを確認するために、今度はこれに刺激を与えて実際に動かしてみます。これを私は、試しに動かすという意味で「**試動**」と呼んでいます。その試動した結果の現象(ロ)が最初に観察した現象(イ)と一致した場合、人はその現象が「わかった」と考えるようになります。

実際には、自分でつくりあげたモデルの動きが、はじめに観察した現象の動きと簡単に一致することは滅多にありません。たいていの場合は、試動を行ったときに確認できたうまくいかない部分について、再検討を繰り返すことになります。(イ)と(ロ)がなかなか一致しないのは、その人が行った「構成要素の摘出」ないし「構造化」が間違っているからです。これがうまくいかない限り、この人はその現象について「すべてよくわかった」という感覚にはなれないのです。

自然科学にせよ社会科学にせよ、「科学」における理解はすべてそのような論理で成り立っています。たとえば、台風が発生するメカニズムや津波の発生するメカニズムなどは試行錯誤の結果、実際の現象と一致するモデルをきちんとつくりあげています。また社会科学で扱う政治や経済も同じように現象理解がされています。

ちなみに、現象をより深く理解するという意味では、こうした**モデルは自分なりに検討して自力でつくりあげるのが理想です**。しかし、大半の人は、学校などで教えてくれる現象のモデルをそのまま取り入れ、頭の中の引き出しに蓄えてあるこれらとの比較で現象を理解し、「わかった」という気になっているのが現実です。また動的な現象といっても、自然科学のようなものは現象のモデルが大きく変わることはないので、このやり方でもさほど問題はないように思います。しかし、政治経済は、時代によって条件（要素）が大きく変わるということもあるので、**「従来のモデルで理解できていたはずのものが、あるときまったくわからなくなる」**ということもよく起こるのです。

たとえば、流通業界におけるスーパーマーケットの営業モデルです。以前、ある大手スーパーの経営者と対談したとき、「いままでの成功モデルを絶対的なものだと考えてそのまま使っていたら、消費者のニーズとの乖離《かいり》が大きくなってあるとき壁にぶつかった」という話をしてくれました。また、この人はライバルであるコンビニエンスストアを例にあげて、「常に現象を観察しており、うまく機能するようにモデルのつくり直しを絶えず行っているから、売り上げが大きく落ちることはない」とも話していました。

これがまさに、自分で現象のモデルをつくり上げることの強みだといえます。つまり、要素の変化に応じて、現象のモデルを自分でつくり変えることができるので、常に現象を正しく理解できるというわけです。このことについては、後にあらためて詳しく述べることにしましょう。

2 『直観でわかる数学』を書いた理由

数学へのモヤモヤ感

失敗学を提唱して以来、私は「失敗の専門家」と言われることが多くなりました。その私が二〇〇四年九月に『直観でわかる数学』(岩波書店)という本を出したと聞いて、「なぜ畑村さんが数学の本なの?」と疑問を投げかけてくる人がたくさんいました。

先述したように私の専門は機械工学です。そのことをよく知っている人から見ると、私と数学の組み合わせはたしかに意外なものに思えるかもしれません。しかし、私からすると、『直観でわかる数学』の出版によって「四〇年来の夢がようやく実現した」という心境でした。

私がこの本で書いたようなことをなんとなくイメージしたのは、大学に入学したばかりの一九歳の頃でした。じつのところ、算数や数学は子どもの頃から大好きで得意科目だという意識がありました。それなのに大学の数学の講義がよくわからず、聴いていてもちんぷんかんぷんです。そのことをひどく腹立たしく思ったことが、後にこの本を書くきっかけになったのです。

不思議に思われるかもしれませんが、当時は「さっぱりわからない」と感じていながら、それでいて数学の問題は解くことができました。事実、学校の成績はかなり良かったのです。それなのに、胸のところに、なにかいつもモヤモヤしたものがあるように感じていました。それが自分では、たまらなく嫌で仕方なかったのです。

このモヤモヤの原因について、当時は自分なりにいろいろと考えました。結論から言うと、「自分は数学の問題を解くスキル（技術）はあるけど、数学の本質がわかっていなかった」のです。

たしかに数学の問題を解くだけなら、公式や定理をまるまる覚えて問題を数多くこなせばある程度解けるようになります。しかし、これでは考えや概念の本質を知ったことにならないので、本当の意味で数学を理解したことになりません。私が当時感じていたモヤモヤは、まさにこれでした。大学の授業で数学を学んでも表面的な理解しかできないことに、なにか借り物の服を着させられているような、そんな居心地の悪さを感じていたのです。

そのことに気づいてからは、表面的なものではない、数学の本質を学ぶことを欲するようになりました。大学の授業はこの希望を叶《かな》えてくれることはなかったので、数学の本質を教えている本を探したのです。ところが、そのような本はどこを探してもありません。唯一自分の望んでいたものに近いのは、長沼伸一郎氏が書いた『物理数学の直観的方法』（通商産業研究社）くらいでしたが、この本が出版されたのは一九八七年なので、私がモヤモヤしていた時代よりもだいぶ後のことになります。

いずれにしても、当時は自分が望む本を見つけることができなかったので、結局のところ自分の頭を使って考えるしかありませんでした。その後、ようやく自分なりに数学の本質がわかったと思えるようになった頃には、定年を間近に控えて還暦を迎えていました。

こうして長年考えて、私なりにつかんだ数学の本質をまとめたのが『直観でわかる数学』という本です。ちなみに、この本は数学を真面目に学んでみたけれど、結局途中でわからなくて自信を失った人に向けたもので、多くの人が誤解しているように、「この本を読めば誰でもすぐに数学が理解できるようになる」というような本ではありません。タイトルを見て慌《あわ》てて本を買って、詐欺にでも遭った気分でいる人もいるかもしれません。それだったら「ゴメンナサイ」です。

事実、私の身近にいる、数学の知識がない人にこの本を読んでもらったところ、「ちんぷんかんぷんで一向に数学のことがわからなかった」という厳しい指摘をもらいました。これはその人の頭の中に数学を理解するためのテンプレートがまったくなかったということで、やむを得ないことだと思っています。

しかしながら、頭の中に数学を理解するためのテンプレートができかかっている人には、十分に満足していただけるものであると自負しています。それを裏付けるように、数学の勉強に結局は挫折したものの、かつては数学と格闘した経験のある人たちからは、「この本を読んでようやく前に進むことができた」といった感想も多数寄せられています。もともと私は、この本に「自信を失った人のために」という副題をつけたいと考えていました。この副題はあまりに刺激的なのでやめになりましたが、読者の方々から寄せられたさまざまな意見を見ていると、自分が当初考えた目的はそれなりに達成できたのではないかと思っています。

なぜ数学嫌いが多いのか

ここで『直観でわかる数学』という本のことに触れたのは、宣伝が目的ではありません。そこで提言している中身が、本書のテーマである「わかる」ということを考えるうえで大いに参考になると思ったからです。

苦手だけどなんとなく数学のことが気になっている人はもちろん、『直観でわかる数学』は中学や高校で数学を教えている先生にもぜひ読んでもらいたいという気持ちがありました。幸い私は数学が大好きだったので、「気色悪い」と感じても数学から離れることはありませんでした。しかし多くの人がこの気色悪さが原因で数学嫌いになっているのが現実です。これは教育に携わる者として見逃すことができない問題で、とくに実際に学校で教鞭を執っている先生たちに、そのことを真剣に考えてもらいたいと思っていたのです。

ご存じのとおり、日本では高校のときに文系と理系に分けられる形で将来進むべき進路がある程度決まります。その際、「数学は嫌いだからやりたくない」という、ただそれだけの理由で文系に進む人がたくさんいます。おそらくこういう人たちの中には、もとは数学に興味を持っていた人もたくさんいるはずです。それが教え方がまずかったせいで気持ちが離れていったとすると、数学好きの私としてはなにやら悲しい気持ちにさせられます。

それではいまの教育は、なぜこれほどまでに数学嫌いを生み出しているのでしょうか。私から見るとその理由は簡単で、授業を聴いても数学がわかるようにならないからです。

ではなぜ、数学の授業で数学がわかるようにならないのでしょうか。

一般的に、数学の授業は、はじめに定義や定理を示し、先生がそれを証明すべく解説を行う形で進められます。じつは、ここに大きな落とし穴があるのです。

たとえば、高校生向けのある教科書を見ると、ベクトルの定義についてこう書かれています。「有向線分について、その位置を問題にせず、向きと長さだけに着目したものをベクトルと言う」「ベクトルは、大きさと向きを持つ量である」。

この説明はなるほどそのとおり。別に間違ったことは書いてありません。ですが、あまりに抽象的すぎてわからない人にはまったくわからないでしょう。これだけ読んですぐに

「よくわかった」という人がいたとすると、その人はよほど数学に通じているか、あるいは天才ということになるのではないでしょうか。さもなければ、些細《ささい》な疑問が持てないくらい、数学に毒されているのではないでしょうか。

もちろん、授業で教えている中身は、おかしなことなどひとつもなく、すべて正しいものです。それなのになぜわかりにくいかというと、教わる側にその中身を理解するためのテンプレートがないからです。

じつは、もっと正確に言うと、理解のためのテンプレートはなくても、テンプレートを新たにつくるために使える種（要素や構造）くらいは誰でも持っています。ところが、本人は自分がその種を持っていることにさえ気づいていないので、これを使って新しいテンプレートをつくることができないでいるのです。

次ページの図は、そのことを簡潔に描いたものです。真剣に勉強をしている人の頭の中には、新しいテンプレートをつくるのに必要な種があります。しかし、この人は最初は、その種の使い方どころか、そもそもどの種を使えばいいのかがわかりません。つまり、この人に最も必要なのは、種の使い方を知ることなのです。その結果、自分なりのテンプレートをつくることができれば、これとの比較で対象を理解できるようになるでしょう。

ベクトルであれ微分積分であれ、数学が教えている定義や定理のすべては、もともとは

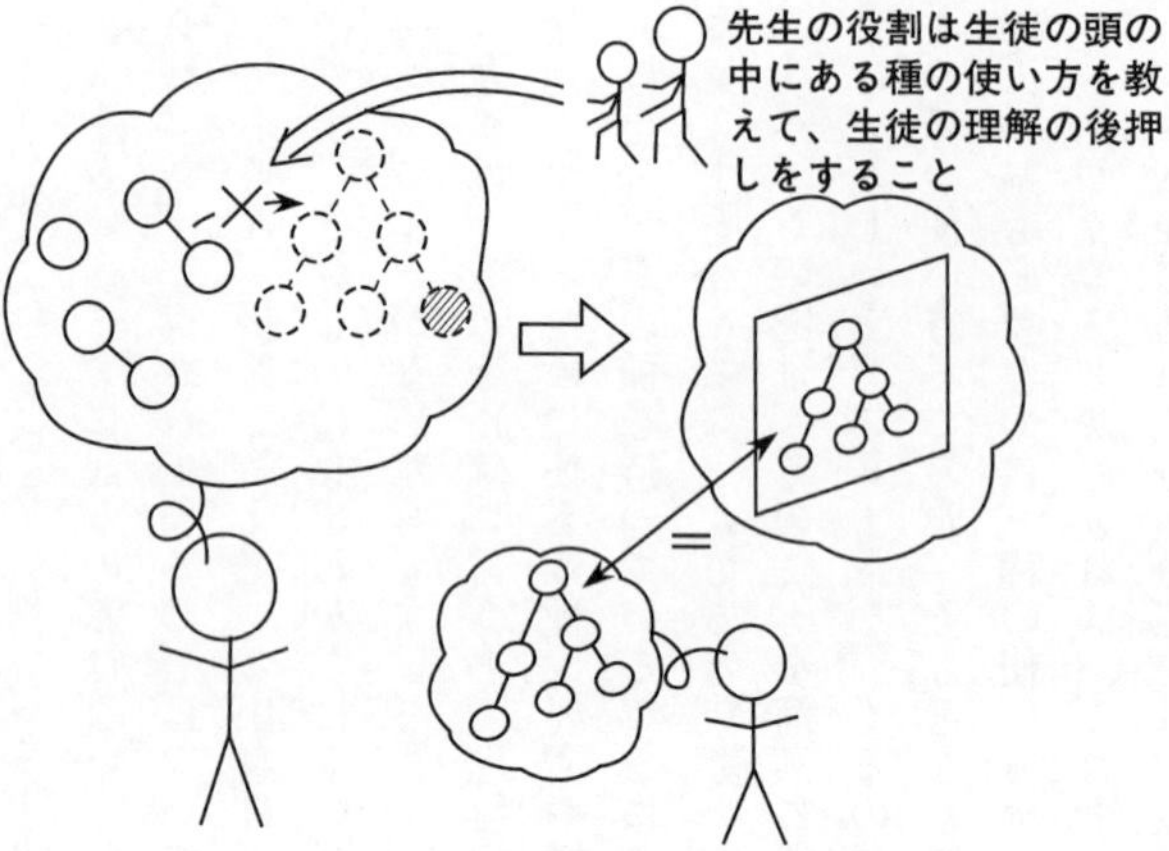
先生の役割は生徒の頭の中にある種の使い方を教えて、生徒の理解の後押しをすること
=

数学で自信を失った人がわかる過程
—数学の先生にやって欲しいこと—

私たちの身近にある事象を見つめる中で導き出されたものです。その意味では、数学は本来、誰にでも馴染《なじ》みがある問題を扱った、身近なものであるといえます。逆に言うと定義や定理は、身近にある事象を先人たちが徹底的に考え尽くした上で出てきたエッセンスなのです。

ですから、いきなりエッセンスの部分を読まされて「これがベクトルです」「これが微分積分です」と言われても、身近な問題を扱っているという感覚はありません。むしろ自分の生活とはまったく縁のない、なにか別の世界のものを扱っているものとしてしか見られないのは当然のことだし、これではわかるようになりません。

たとえば私たちが食べ物を食べたときに「おいしい」と感じるときの一要素として「うま味」の存在があります。和食のベースに使われるだし汁の素材といえばまず思い浮かぶのが昆布やかつお節でしょうが、昆布とかつお節にもうま味成分が豊富に含まれています。このうま味の正体は何だという研究は日本の化学者を中心に進められ、現在では昆布のうま味成分がグルタミン酸ナトリウム、かつお節のうま味成分がイノシン酸ナトリウムであることがわかっています。

それでは、「うま味って何ですか?」と訊《き》かれたとき、あなたならどのような説明をしますか? 「だし汁などに含まれる、人がおいしいと感じるもの」といった説明をする人もいるでしょうし、「グルタミン酸やイノシン酸を適度に人の好みに合わせて混ぜたもの」といった説明をする人もいるかもしれません。

もちろん後者のような説明でも間違いではなく、「正しい」ことです。しかし、グルタミン酸やイノシン酸という言葉にふだん馴染みのない人にとっては、そんな説明を受けても、うま味についてわかるようになるはずはないでしょう。私にはこの説明が、数学の授業の説明にそっくりに聞こえます。こうした説明をして「これは『正しい』ことだからこれで理解しなさい」と言われても、普通納得などできないのではないでしょうか。

つまり生徒たちが身近に感じられる話題から入ってもらえれば理解のとっかかりになるはずなのに、学校の授業では、そうした進め方になっていないことが問題なのです。

多くの教師がそうしているように、定義や定理を示してなぜそのようになるかを解説することも必要でしょう。しかし、その際には、教わる側の意識にもっと気を配るべきです。相手が「これは自分と無関係なものである」と受け止めているのをそのまま放置しては教育になりません。自分との接点が見えなければ、頭の中に「わかる」ためのテンプレートもつくりようがないわけで、これがまさしく、多くの人たちが「数学はよくわからない」とあきらめている理由でしょう。

それでも問題が解けないことには「赤点」になってしまうので、生徒は仕方なく教わった定理や公式をそのまま頭に入れようとします。自分は頭を働かせたくないのに、やむを得ないから無理矢理従っているわけです。これでは教わったことがすんなり頭に入ってこない人が出てくるのは当然のことです。

人間は、納得できないことがあると、そこから先のことが考えられなくなります。これは生真面目な人ほど顕著な傾向のようです。このように思考停止の状態にされて、「余計なことを考えずにこれを覚えればいいんだ」と強制されたら、それこそわかるものもますますわからなくなってしまいます。

もちろん、こんなふうに強制して公式や定理を覚えさせるだけの教育でも、目の前の問題が解けるレベルにすることはできます。さらにさまざまな問題の解法パターンを覚えさせることで、いろいろなタイプの問題を解けるようになります。しかし本当に身につけさせるべきなのは、与えられるさまざまな問題を解けるようになることではなく、何が問題なのか、何が課題なのかを見つける「課題設定」の力です。解法パターンを覚えさせるだけの教育のどこが問題で、なぜ課題設定が大切なのかは、本章の第6節で詳しく述べます。

3 学校の教科書や授業はなぜわかりにくいのか

教科書の限界

エッセンスだけを教わるので、教えられる側にとっては、授業がつまらなくてわかりにくいというのは、数学にかぎらずどの分野にも共通する問題です。知識を伝達するとき、余計なものを取り去って大事な部分にしぼるというのは、昔から人間の営みの中でふつうに行われてきたことです。大量の情報を大量に伝達できるのは、情報伝達手段が発達した現代ならではのことです。昔はとてもそんな技術はなかったので、雑なものを取り去って大事な骨組みの部分だけを残して「これが真理である」と伝えるのは、とても効率的で正しいやり方だったと思います。

学校の教科書というのは、ほとんどの場合、このように最も大事な知識の骨組みの部分しか伝えないというやり方を踏襲しています。骨組みに変に属性を付けると、その分だけ中身が不正確になると考えるので、これはやむを得ないことかもしれません。しかし、先ほども指摘したように、ここに大きな落とし穴があります。それは余計なものを取り去ってシンプルにした分だけ、それを理解するために必要な新しいテンプレートがなかなかつくれないという問題です。前述したように、理解するテンプレートが頭の中にない場合、人は自分のいままでの経験で得た種（要素や構造）から似たようなものを探し出して、それをとっかかりにしてテンプレートを新たにつくろうとします。しかし教科書や授業では十分な種がないのでつくれないのです。

ですから、仮に自分のよく知っている種と同じ属性が、少しでも付いていたとすると、骨組み自体はよくわからなくても、よく知っているはずの属性を理解のとっかかりにすることができるはずです。ところが、それがまったくないとなると、手がかりもないので困惑するだけです。その状態でテストでいい点を取ることが求められれば、よくわからないまま丸暗記に走るしかありません。

私自身高校時代、古文や漢文がからっきしダメでした。それから世界史や日本史、そして英語も苦手科目の部類に入りました。当時これらに共通するのは、丸暗記が求められていた点でした。ただ単に覚えなければいけないというのは非常に苦手だったので、これらの科目はまったく勉強する気になれず、そのせいで学校の成績はかなり悪かったと記憶しています。

たとえば、漢文でひとつの言葉を学ぶときに、「この時代の中国は社会がこんなふうになって、生活の仕方がこうなっていた。その中から出てきた言葉がこれで、こういう概念を表している」といった教わり方をしていたらどうでしょう。そこで語られていることを正確に理解するだけの人生経験が当時の自分にはなかったので、結果はそれほど変わらなかったかもしれません。しかし、形式的な意味しかわからなかったとしても、少なくとも興味の持ち方はちがっていたと思います。

本来、言葉を学ぶときには、概念をきちんと押さえることが求められます。そのうえで、ほかの概念との結びつきでそれを立体的にとらえることができたときに、はじめて正確に理解できるようになるのではないでしょうか。これがたとえば現代文なら、もともと私たちの生活に馴染みがある言葉を扱っているので、先生に教わるまでもなくこの作業を自力でやることができます。実際、私は現代文が得意でしたが、それは使われている言葉の概念を立体的にとらえることが自分自身でできたからだと思います。

もちろん、古文や漢文などは、その中に含まれている、昔の人たちが感じた人生教訓のようなものが重要になります。これを人生経験の少ない段階で理解するのは、どうあがいても無理な感じがしないでもありません。たとえば、唐の時代に劉希夷《りゅうきい》という人が書いた有名な七言古詩に、「年年歳歳花相似　歳歳年年人不同」というのがあります。これを私が高校時代の漢文の授業で教わったときには、やはりステレオタイプの理解しかできませんでした。

この詩は、「花は毎年変わらず美しく咲くのに、人はこれと同じようにはいかずに歳を重ねると老いていく」という世の無常を詠《うた》ったものです。これを私が実感を伴って読めるようになったのは、その後何十年も経ってから、長年信頼していた人の考え方が、がらっと変わっているのに気づいてショックを受けた体験を実際にしてからです。時代や状況が変われば、人の考えが変わるのは当たり前で、それ自体は悪いことではありません。しかし、その人の良さであると私が信じていたものも時間が経ち失われたことを知ったときはさすがにショックで、「世の無常とはこういうはかなさを感じさせるものだ」と心の底から思い、はじめて高校時代に学んだ詩の本当の意味を理解したのです。

そう考えると、本当の意味で古文や漢文を学ぶためには、それなりの人生経験を積むことが不可欠なのかもしれません。とはいえ、そのことを理由に、「だから古文や漢文は丸暗記をすればいいんだ」とはならないはずです。そもそも単に対訳で覚えさせようとしても、強制されたほうは興味を失うだけです。これでは何のプラスにもならないので、正確な意味がわからなくても、少なくとも相手が興味が持てるような方向に導く配慮は必要ではないでしょうか。

言葉の背景の意味を押さえる

学校の授業を聴いても概念をきちんと押さえることができないという意味では、英語も基本的に同じです。私も、そのことで学生時代はたいへん苦労しました。概念というのは、その言葉で表現される中身のことです。もしもこれをきちんと教わっていたら、英語への理解は確実に深まっていたと思います。

最近、たまたまNHK教育テレビで『ハートで感じる英文法』という番組を見たとき、その思いを強くさせられました。これはいわゆる英語の教育番組で、講師を務めている大西泰斗《ひろと》さんは、英語をネイティブスピーカーが感じているイメージでとらえるという、一種独特の教え方をしている方のようです。

たとえば、「on」という前置詞について、私たちは学校の授業で「〜の上に」という意味を持つ言葉として習います。実際には、これ以外の使い方をすることがあるので、その場合は新しい用法にぶつかるたびに、「〜にくっついて」、「〜に面して」という別の意味を覚えるしかありません。このやり方は、問題が見つかるたびにそのための解決策を講じる対症療法の考え方にどこか似ています。

これがネイティブスピーカーが感じているイメージで考えるという大西流ではこうなります。「on」の持つ意味を箇条書きにして覚えるのではなく、「台の上に丸い玉が載っている状態」というイメージでとらえるのです。このような視点を持っていると、たしかに天井にあるスポットライトを「The spotlights on the ceiling」としても、「上ではなく下についているのになぜonを使うのか?」と悩むことはなくなるでしょう。

これがまさに、言葉を学ぶときにまずはそのものの概念をきちんと押さえることのメリットです。言葉の表現する中身がきちんとわかっていると、表面的な理解をするときに生じる些細《ささい》な矛盾にいちいちつまずくようなこともないでしょう。ネイティブスピーカーが感じているイメージで考えるという大西流は、英語への理解を深める方法としてかなり理にかなったものだと思います。

ところで、私自身の話に戻りますが、英語に関して言えば、大学に入ってから必要性を感じて英会話の勉強を自主的に一生懸命やったので、このあたりは先ほどの古文や漢文のケースとちょっとちがいます。その時点ではあまり役に立たなかったようですが、お蔭で四三歳でアメリカのマサチューセッツ工科大学（ＭＩＴ）に在外研究で行ったときには、少なくとも校内ではさほど不自由なく会話ができました。

ただし、これを自分自身の努力の成果と考えるのは、ちょっとおこがましい感じがしています。実際には、聞く側が優れた能力を持っていたからだと思います。

ＭＩＴに集まっている人たちはとても優秀で、こちらがつたない英語で伝えようとしたことの意図を汲み取る能力に長《た》けています。これは彼らが自分たちの頭の中に持っているたくさんのテンプレートを自在に使いこなせるからできることです。私が英会話でそれほど苦労しなかったのは、彼らのこうした能力にだいぶ助けられたからだと思います。その証拠に街に出て、とくに子どもと話そうとしたとき、通じなくて非常に苦労しました。

そのＭＩＴの助教授に、あるとき「畑村さんは簡単な単語だけを使っているのに、複雑なものをすべて正確に表現できるのがすごい」と変な誉められ方をしたことがあります。この人が言うには、ＭＩＴに集まっている人たちはアメリカの中でも知的レベルが最も高く、頭の中の引き出しにある言葉はおよそ三万語程度だということです。これに対して、暗記が苦手だった私の頭の中には、おそらく三〇〇〇語くらいの英単語しかなかったでしょう。彼らに比べると、わずか一〇分の一程度です。それなのに、この知識をフルに使うことでなんとなく対等にやり合っている姿が、この助教授にはどこか不思議で興味深く見えたようです。

ところで、私は先ほど、世界史や日本史なども知識が身につかなかった科目であるという話をしました。これについても多少つけ加えておきたいことがあります。かつての私は、歴史というのは何年に何があったという些末《さまつ》なことを覚えても意味がないと思っていましたが、そのかわり自分なりにつくり上げていった歴史観が、ヨーロッパに在外研究に行ったときに役立ちました。

面白いもので、ヨーロッパでは「自分は技術屋だから歴史は勉強していません」などと言っていたら、馬鹿にされて誰も相手にしてくれなくなります。その反対に、自分なりの歴史観をもとに「この国はこういうところがこういうふうにおかしく見える」という話ができると「知的レベルの高い人」として扱ってくれるので、そのことでだいぶ得をしたような気がします。

上位概念

学校の教科書がわかりにくいのは、最も大事な知識の骨組みの部分しか伝えていないからだという話をしました。ここで知識とはなんだということについて、もう少し深く検討しておきたいと思います。

いくつもある事実や知識の中に共通して含まれている普遍的な事柄を抽出することを「抽象化」といいます。

また私は、共通して含まれる普遍的なものを「**上位概念**」といい、抽象化のことを「**上位概念に登る**」と表現しています。この上位概念が最も大事な知識の骨組みの部分なのです。

たとえば、数学の公式などは、上位概念の典型です。数学としてまとめられているすべての考え方は、もとは私たちの身近にある事柄の中から導き出されたものです。この中の具体的な属性を切り捨てて、法則性に注目したものが公式なのです。また、前述したジョン万次郎の例でいえば、みそ汁、スープ、シチューという三つの事柄の共通部分に着目すると「具入りの汁」や「液体状の副食」といった上位概念に登ることができます。

上位概念は、使える人にとってはさまざまな分野に応用できる非常に便利なものですが、それだけを示されても、理解するために必要なテンプレートを頭の中に持たない人にはわかりにくいものです。たとえばスープやシチューを見たこともない人に向かって、「具入りの汁」という上位概念でスープやシチューを理解しなさいと言っても、その人はなかなか理解できないのと同じことです。

身近な例から学ぶ

前述したベクトルの話では、教科書に書かれているベクトルの定義は、「有向線分について、その位置を問題にせず、向きと長さだけに着目したものをベクトルと言う」「ベクトルは、大きさと向きを持つ量である」というものでした。たしかに具体的な属性をすべてそぎ落とすとこういった表現になるのでしょう。それは間違いではないのですが、ベクトルの性質を理解している人にとってはともかく、はじめて学ぶ人にとっては非常にわかりにくい。

そこで、教科書を参考にしないで一度自分なりに徹底的に考えてみるのもいいと思います。人に教わったことをただそのとおりにおさらいするのではなく、自分自身でいろいろ考えながら自分なりの見方を見つけるのです。

ベクトルの定義を理解するためには、そのことについて一度、自分自身の身近なところでこれを考えてみるのです。

定義をじっくり読むと、とりあえずは上の図にある程度の絵は描けるでしょう。平面上の線分だとして、この斜め上に向かって伸びている線の方向に注目すると、x軸とy軸という座標を加えて、いかにも数学を学ぶときに出てくるグラフとして表現することができ

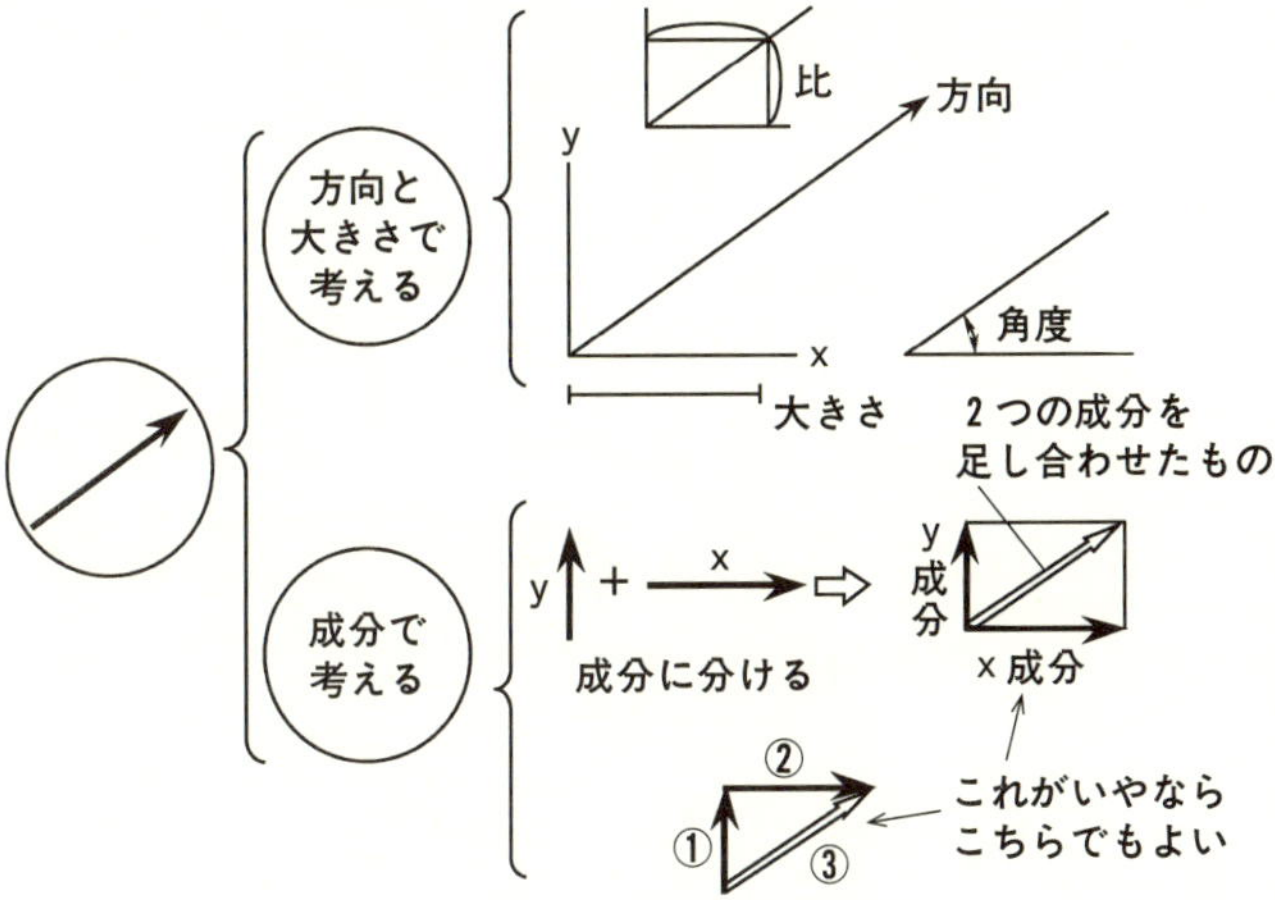

ベクトル1　自分なりに考える

ます。その下に描いているのは、大きさだけに注目した場合の絵です。このようにいろいろな絵を描いて考えていると、あるポイントとx軸とy軸を結んだ場合の比や、x軸とy軸とで形成される角度など、この線だけが持っている特徴があることに気づきます。

一方、下の絵は、これをちがう角度から分析し、成分で考えて表現したものです。斜め右上に向かっている線を成分で考えると、y方向の線とx方向の線から成り立っているという見方もできます。これを足し合わせると、はじめに示したベクトルになるというようにも考えられるわけです。

このように、方向や大きさ、あるい

は成分に注目して自分なりに検討するだけでも、ベクトルに関して少しずつわかってきた気がします。しかし、これでも抽象の世界で考えているので、馴染みがない分だけどうしてもわかりにくい感じもします。そこでより理解を深めるためには、身近な世界の中でこれを考えてみましょう。

ここでは例として、走行中の電車を思い浮かべてみましょう。中心部分の起点を東京駅として、y軸を北、x軸を東という方角で考えてみます。東京駅から北東に向かっているのは常磐線（常磐線は上野駅発着ですが、ここでは便宜上東京駅を起点にします）ですが、その先には水戸があります。東京―水戸間の距離は約一二〇キロメートルですが、ここを時速六〇キロメートルで電車が進んでいる姿を想像すると、だいたい四五度の方向で、時速六〇キロメートルという大きさを持つベクトルを描くことができます。これを基準にしてさらに成分を考えると、このベクトルには「東に時速四二・四二キロメートル」「北に時速四二・四二キロメートル」という大きさがあることを計算によって導くことができます。

このような見方ができれば、少なくとも自分の身近なところからベクトルへの理解の道筋をつけることができます。そうなればしめたもので、新しいテンプレートをつくることもできるようになるのです。

もちろん、こうしたことは人に強制されてできるものではありません。先ほども述べた

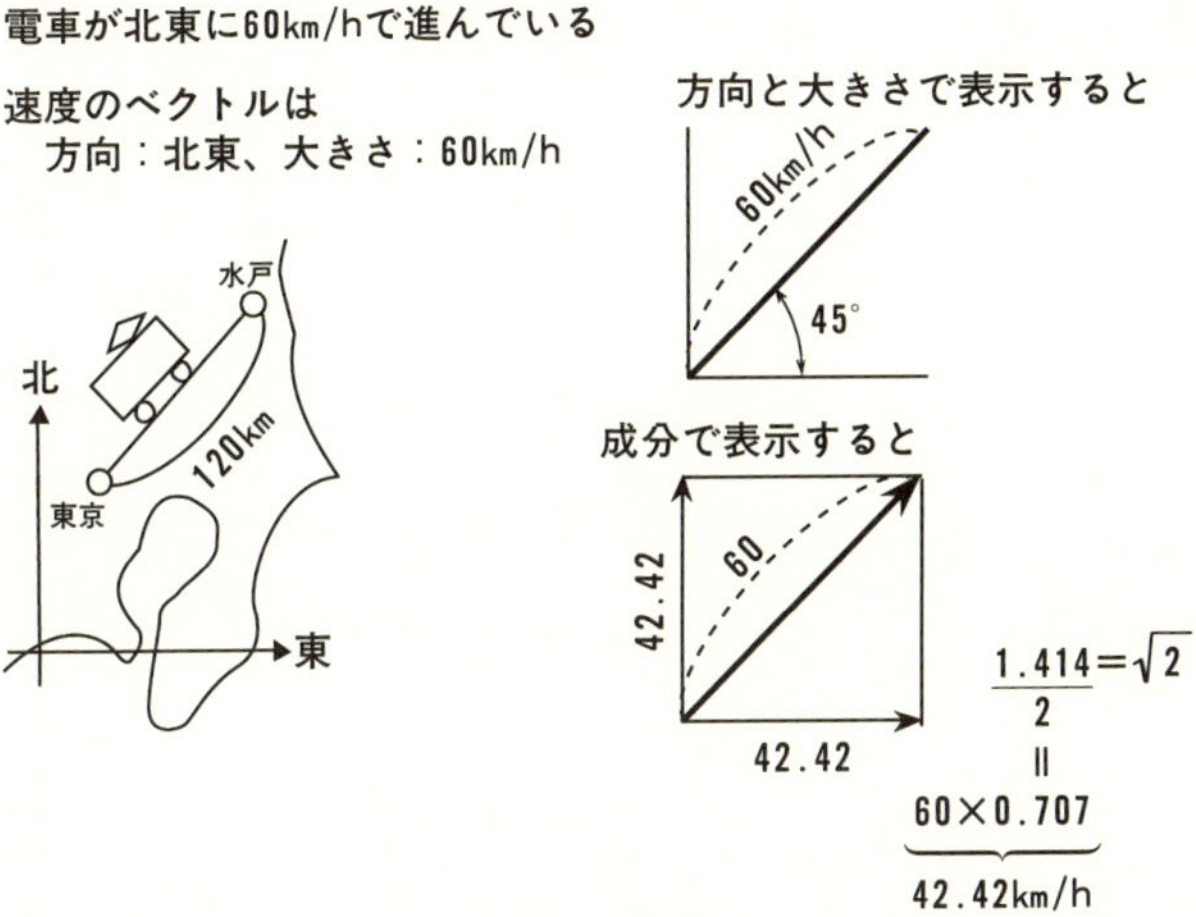

ベクトル２　乗り物の速度として考える

とおりで、人間は納得できないことがあると、そこから先のことが考えられなくなります。思考停止の状態のままでは、理解のための新たなテンプレートをつくることすらできないでしょう。その点から言っても、本人が「わかりたい」という強い意欲を持たないことにはなにも始まらないということをここで重ねて強調しておきたいと思います。

4 「直観」と「直感」のちがいを考える

ショートカット思考

ある事象を理解するときには、「直観でわかる」のがひとつの理想的な姿だと私は考えています。

ところが、「直観でわかる」などと聞くと、「それは考えなくても楽にわかるようになることだ」とまちがった受け止め方をしてしまう人がいます。事実、『直観でわかる数学』を出したときには、「これを読めば数学がたちどころにわかるようになると思ったのに全然そうはならないではないか」という不満の声も聞かれました。

この行き違いの原因は、一部の読者に言葉の意味が誤解されてしまったからだと思います。そこで「直観でわかる」というのがどういうことなのか、ここで改めて考えてみたいと思います。

次ページの図は、人間の思考プロセスを簡単に描いたものです。AからDまでの流れは、論理構成を表しているものだと思ってください。現実には、こんなふうに順番どおりにすんなり考えられるものではありませんが、あくまでも「直観でわかる」ということの解説が目的なので、そのあたりはかなり単純化して示しています。

この図で考えると、思考の出発点であるAからスタートした人は、次のBのところに何を当てはめるかを決めます。仮にこの人が、B_1、B_2、B_3の三つの選択肢を持っていたとすると、ここで「A—B_1」「A—B_2」「A—B_3」の三通りの論理構成が考えられます。これと同じように、BからC、CからDへいくときにも、いくつかの選択肢があるとします。それぞれの段階で選択肢が三つずつあったと仮定すると、AからDに至るまでの組み合わせは、図にあるように全部で二七通りになります。

この中から一番いいと思われる論理構成を選ぶとすると、慎重な人は「A—B_1—C_1—D_1

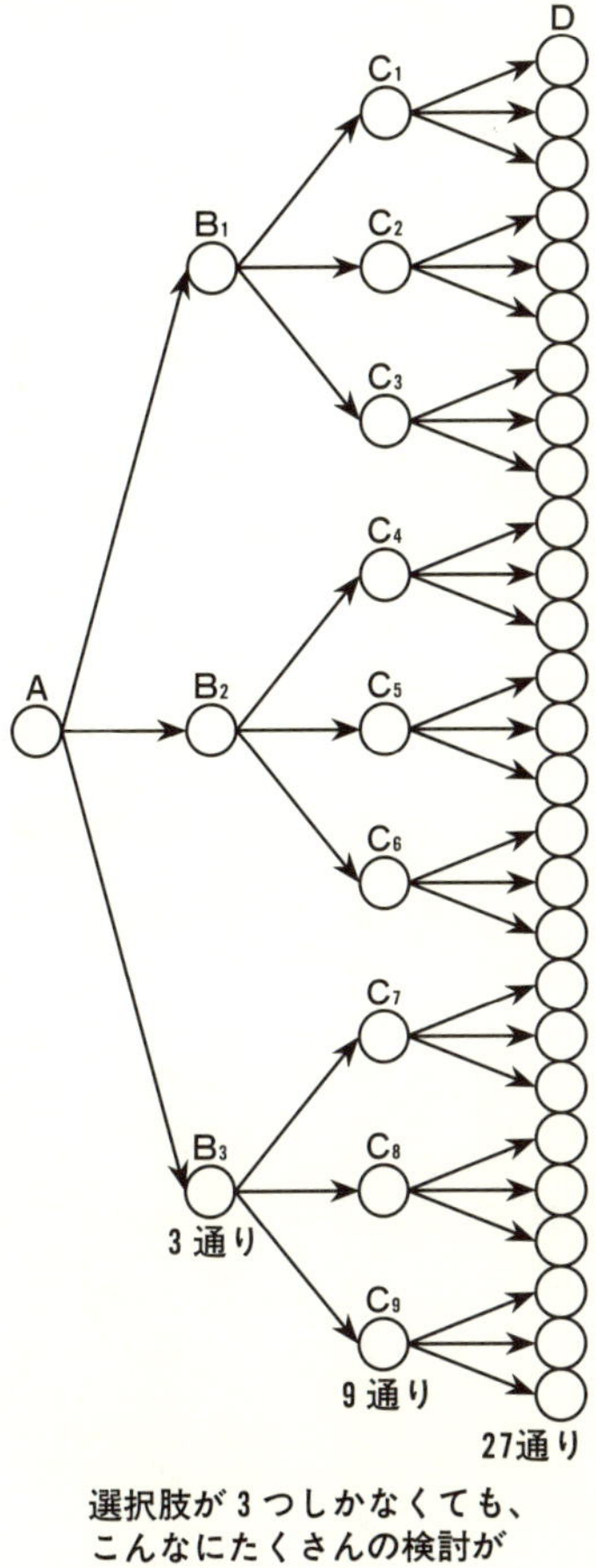

選択肢が3つしかなくても、こんなにたくさんの検討が必要になる

思考プロセス

の場合はどうだろう」「A—B_1—C_2—D_1の場合はどうか」といった具合に、二七通りの組み合わせを一つひとつしらみつぶしに試そうとするでしょう。この場合の「試す」は、必ずしも実際にそれをやることに限定されません。実際にやることもあれば、頭の中でそれを想像するだけということもあります。いずれにしても、それをしっかり観察したり考えたりしながら、最終的にどれが一番適しているかを選ぶことになります。

こういうやり方をすると、自分の持っている知識をフルに使って、確実に最適解を導き出すことができます。しかし、考えられるすべての組み合わせについて考えなければいけないので、それだけ思考を行うのに時間がかかることは否めません。ここに示した例では組み合わせがたった二七通りですが、それは選択が求められるのがB、C、Dのわずか三段階で、なおかつそれぞれの選択肢を三つと仮定しているからにすぎません。段階や選択肢が増えればそれだけ組み合わせも増えるので、現実にはすべての組み合わせを試すことなどほぼ不可能です。

そこで、すべての組み合わせを一つひとつ試さないで、思考のショートカットを行います。たとえば、Bの段階で、「B_1かもしれない」「いやB_2かもしれない」「もしかしたらB_3かもしれない」というふうに一つひとつを試して考え、その結果、B_3を選んだとします。そうすると、選ばれなかったB_1とB_2は、この段階で切り捨てることができます。つまり、これを含む組み合わせは、以降は検討をする必要がなくなるわけです。

続くCの段階では、三つの中からC_2を選んだとします。ここでも、選ばれなかったC_1とC_3を含む組み合わせは検討する必要がなくなります。このようにして、B、C、Dの三段階でそれぞれ三回ずつ試しながら考えたとすると、最終的に検討された組み合わせは九通りと、すべてについて考えたときの二七通りをはるかに下回ります。

正確に言うと、完成した形の組み合わせを検討しているわけではないので、「三段階の節目で、三回ずつの検討を行った」と表現するのが適切です。つまり、一つひとつを検討するなら二七通りの組み合わせについて考えなければいけないところが、わずか九回の検討で済んでいるわけです。これが思考のショートカットのメリットです。

もちろん前述したように、これはかなり単純化したモデルです。現実には、対象の構造を理解していないと、Aの次にB、その次にCという順番で考えることもできずに大いに迷うことになるでしょう。順番がわからないと、組み合わせは二四倍の六四八通りになるので、それこそいくら考えてもわからないままかもしれません。

もちろん、その反対に、ある対象について徹底的に考え尽くして、それらの要素と構造について完全に理解している場合は、これ以上のショートカットを行うことも可能になります。各段階で「AならB_3」「B_3ならC_2」「C_2ならD_3」というふうにすぐに最適解を出せる

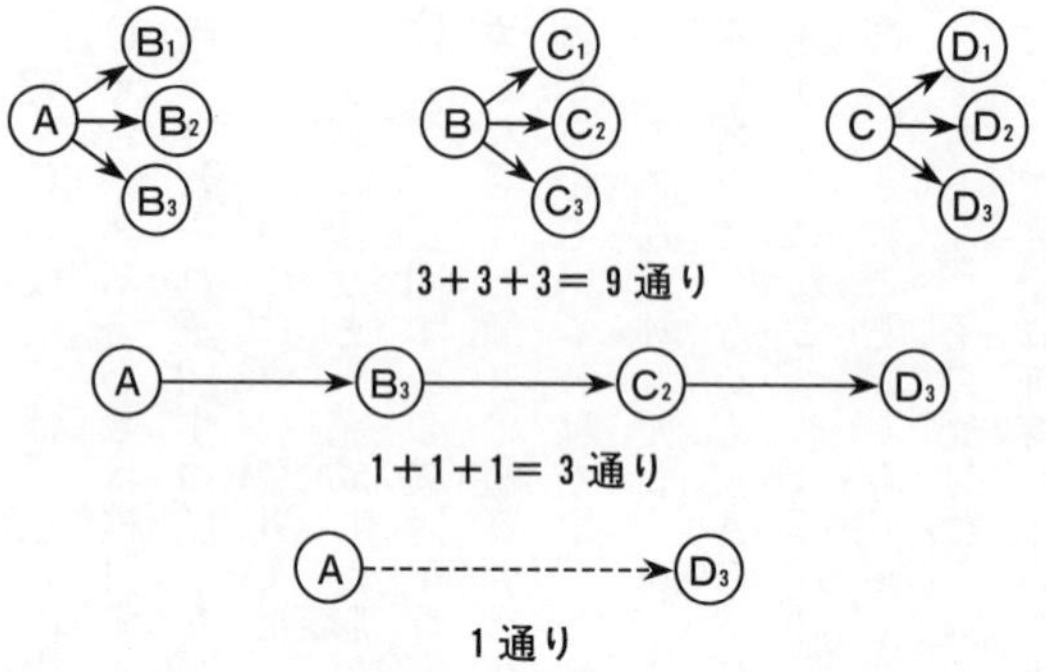

思考のショートカット

とすると、B、C、Dでそれぞれ一回、合計でも三回の検討で最も適した論理構成の組み合わせを導き出すことができます。もっと言えば、すべて理解しているような場合は、それこそ「AならD_3」というふうに、一回の検討で最適解までダイレクトに飛ぶこともできるでしょう。

逐次思考と飛躍思考

いまの話をもう一度整理しておきます。対象の構造がわかっていたとしても、A―B―C―Dの流れを逐次《ちくじ》的にすべて調べるとすると、考えられる二七通りの組み合わせについて検討する必要があります。ところが、これではあまりに効率が悪すぎます。

そこで次に、一般的に行われている思考のショートカットの方法を図に示しました。すべての組み合わせを見ずに、各段階ごとの選択肢を検討するというやり方です。このようにして要素の選び方を工夫することで、最適解まで九回の検討で到達できます。

さらに、その事象についての知識や経験を持っている人が思考した場合は、B、C、Dの選択肢としてそれぞれある三つをすべて検討する必要はないかもしれません。少ないケースでは、それこそ各段階でひとつずつ検討すればこと足りるかもしれないので、その場合はわずか三回の検討で最適解に到達できることになります。

つまり、逐次的に考える点では同じですが、考える人のレベルによって理解の仕方にちがいがあるのです。実際に、こうした話はソフトウエアや巨大システムを構築する人の間では常識とされているようです。システム開発の世界では、Aさんがやると短時間で優れたものができるのに、Bさんがやると時間がかかるうえに考えの抜けが多いものしかできないという話をよく聞きます。その差が何によって生じるのか、誰も明確な答えを持ち合わせていないようですが、短時間で的確なシステムが構築できる人は、対象の構造をきちんと理解したうえで、思考のショートカットを行っていると考えられるのです。

ところで、構造を理解して逐次的に考えるというやり方は、人によって大幅なショートカットができますが、これが最短というわけではありません。日頃からその法則性をよく見て何回も検討している人は、さらなるショートカットも可能です。Aを見た瞬間に、D_3

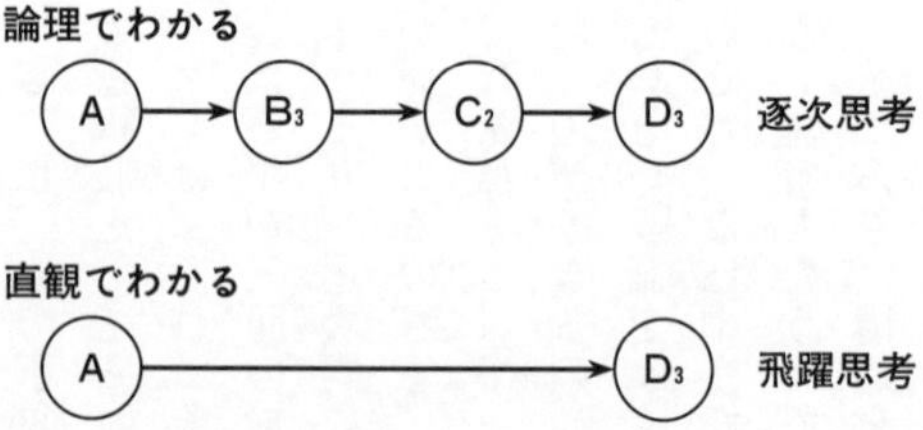

直観とはどんなものか

に到達できるというのがそれです。このように、究極的には一回の検討で最適解に至ることもあるわけです。論理展開に従って、A、B、C、Dといったように順番で考える先ほどの考え方を「逐次思考」とすると、AからDまで一気に飛ぶ考え方は「飛躍思考」とでもいうべきでしょうか。

そして、**「直観でわかる」というのは、飛躍思考のことな**のです。その人はAを見た瞬間に、迷うことなくD_3まで飛ぶことができます。これはまさしく、飛躍以外のなにものでもないのです。しかも、これだけの思考のショートカットをしていながら、判断がまちがっていることもありません。

この人がなぜこのように瞬間的に正しい答えが出せるかというと、**過去に徹底的にそのことについて考え、演習をして答え合わせまで行う経験をしているからです**。このような蓄積があるから、この人はAを見た瞬間にD_3が「直観でわかる」というわけです。

第1節で述べた「現象を見て『わかる』」についても同

じことが言えます。ある現象を観察して、構成要素の摘出、構造化という作業を経てから、試動させてみて結果的に生じる現象と最初に観察した現象が合っていると「わかった」とすることを、逐次思考だとすると、現象を見た瞬間にその現象の構造まで説明できる人は、飛躍思考、すなわち直観でわかっているということになります。

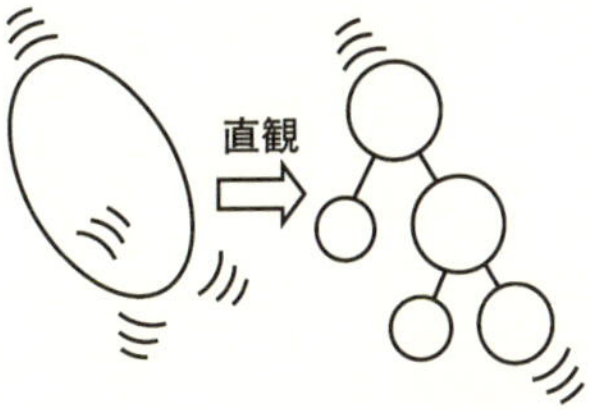

現象を観察すると途中の段階をすべてとばして、いきなり要素とその構造が思い浮かぶのが「直観」

直観的な現象の理解

ルート選択のアナロジー

いまの話をアナロジーで考えると、目的地までの道順にたとえることができます。たとえば、私は西伊豆にある戸田《へだ》という場所が大好きで、大学生のときにはじめて訪れて以来、夏や秋の一時期をここで過ごすということを四〇年以上ほぼ毎年行っています。といっても、ひとりで過ごすことはなく、必ず友人や知人、教え子などと一緒に出かけるので、恒例の合宿のようになっています。戸田という場所は、東京からの交通の便があまりよくないものの、ルートとしてはいろいろな行き方があります。そこで長年、どのルートが最善なのかを検討してきたのですが、これを続けているうちに「戸田」と聞いた瞬間に「このルート」というのが思い浮かぶようになったのです。

瞬間的に思い浮かぶこのルートは、時代によってもだいぶちがいます。たとえば、学生時代はあまりお金がなかったので、「戸田」と聞いた瞬間には、お金がかからずに行けるルートが私の頭の中に思い浮かんでいました。東京駅から東海道線に乗って、とりあえず沼津駅まで行きます。そこからバスで沼津港に出て、船で戸田に向かうという行き方が、当時選択するルートでした。

ところが、時代が変わって新幹線が登場してからは、お金よりも時間優先で行けるルートに魅力を感じるようになります。東京駅から三島駅まで新幹線で向かい、そこから東海道線で沼津駅、さらにはバスで港、船で戸田というふうに乗り継いでいく行き方です。新幹線で三島駅に降りたときには、そこから伊豆箱根鉄道で修善寺まで行って、さらにバスで戸田に向かうというルートも出てきました。

自家用車を使うようになってからは、さらにちがったルートも登場しました。首都高速から東名高速道に抜けて沼津のインターチェンジまで向かい、そこから国道一号線で三島、一三六号線で修善寺、さらには峠を越えて戸田に入るという行き方です。ただし、このルートは時期によっては途中大渋滞することもあるので、その場合は一部で別ルートを

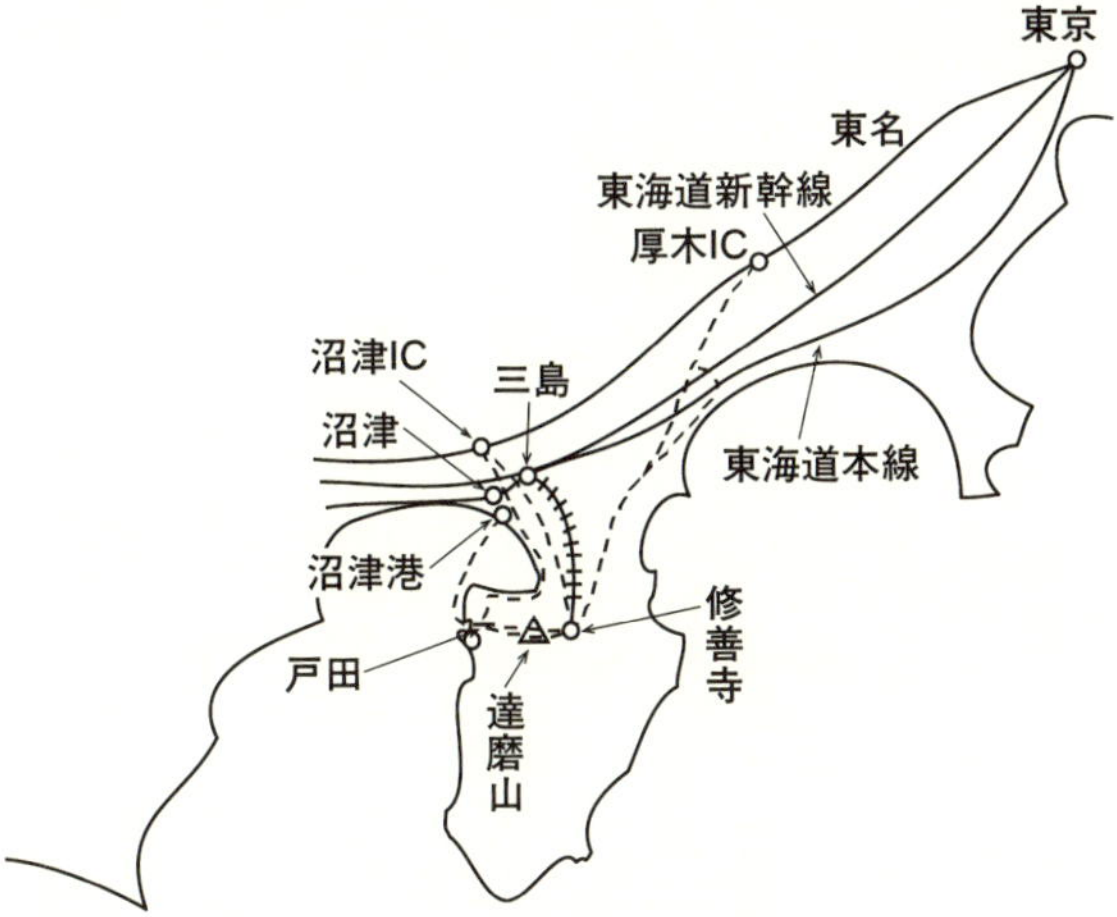

「直観」のアナロジー

使うことになります。

たとえば、沼津のインターチェンジ付近が混雑していたときには、交通量が多い沼津から三島に戻る道は使わずに、伊豆半島の西側の海岸沿いにある一般道を使うこともあります。また、帰路の話になりますが、やはり沼津のインターチェンジ付近が渋滞していたときには、伊豆半島を横断するように走って、伊豆スカイライン、箱根ターンパイクを使って小田原に向かい、そこから小田原厚木道路で厚木に出たり、西湘バイパスで大磯に出てから東京に向かうというルートを使うこともあります。

こうしたルート変更が簡単にできる

のは、私が戸田への行き方について長年さんざんシミュレーションするばかりではなく実際に行っているからです。だからこそ「戸田」と聞いた瞬間に自分が望む条件を満たしてなおかつ短時間で行けるルートを「直観」で思い浮かべることができるし、何らかの事情でそのルートが使えない場合は、これに代わる別のルートを「直観」で導き出すことができるのです。

最近はカーナビのようなものがあるので、「自分自身でシミュレーションしなくても道具を使えば思考のショートカットは簡単にできるではないか」と考える人がいるかもしれません。目的地を設定すると、自分の位置からそこに到達するまでのルートを勝手に示してくれるのがカーナビの便利なところです。たしかにこれなら思考のショートカットもできるし、知識も地図もない人でも確実にゴールに到達することができるでしょう。

しかし、カーナビには、示してくれるルートが必ずしも最良の選択であるとはかぎらないという問題があります。自分自身でそれが確認できない場合はもう最悪です。私が研究室のOBたちと二〇〇四年に四国を訪れてカーナビつきのレンタカーを使用したときには、こんなことがありました。最短距離のルートを選択する設定になっていたようで、指示どおりに走ったら、高速道路から一般道へ出た直後に、なんと自動車一台がかろうじて通れる細い農道を行かされることになったのです。そこで道路標識を頼りに自力で大きな通りに出ようとしたところ、「ルートがちがいます！」と何度もカーナビに叱られる始末です。結局、このときはカーナビにルートを選択させるのをやめて、自分の判断で走行ルートを決めました。

そんなこともあって、私はカーナビに頼るような機械まかせの思考のショートカットというのは信用していません。さらに言えば、「カーナビを使うとバカになる」とさえ思っています。もともとカーナビが代行しているような、頭の中でルートを調べて、選択して、決定する行為は、人間が移動しようとするときの最も大事な要素になります。安易にカーナビに依存するとこの訓練ができなくなるので、これらの能力が欠落する危険性を感じているのです。

カーナビの話は、直観的理解を第三者や機械に依存した場合の落とし穴として考えることができます。もちろん、そのことを理解したうえで、あえて思考支援のためにカーナビのような便利な道具を使うという選択肢もあります。しかし、自分自身で検討した経験のないものは、まず最初にそのルートがいいか悪いかの判断さえできません。その意味では、誰かに無条件で依存するような思考のショートカットをするのではなく、やはり最初は自分で一度、徹底的に検討したあとで便利な機能に頼るのがよいのです。

経験主義の誤り

　ところで、思考のショートカットの方法には、一見すると直観的理解とよく似ているけれど、実際にはまったくちがうものもいくつかあります。たとえば、経験主義などはそのひとつです。

　経験主義の人も、過去にそのことを経験しているという点ではたしかに直観的理解ができる人とよく似ています。しかし、経験主義者は、人より多くの経験をしたことがあるというだけで、対象がどういう要素を持ち、どういう構造になっているかまで意識して観察し理解しているわけではありません。つまり、経験の回数が多いだけなので、その状態は「わかる」というのとは根本的にちがうのです。どちらかというと単に「やったことがある」とか「知っている」といったレベルのことが頭の中に入っているだけです。ちなみに、このような判断を行う人を私は、「**偽ベテラン**」と呼んでいます。

　こうした偽ベテランとちがって、直観的理解ができる人は、その対象について自分だけでなく第三者にも理解させることができます。なぜそんなことが可能かというと、対象の要素や構造を理解しているので、その知識を的確な文章や絵にまとめて保存したり、人に伝えることができるからなのです。

　先ほど私は、図を示しながら論理構成のプロセスについて解説しました。そこではAからDという四つの要素で考えましたが、現実にはだいたい、たいていのことは**一〇個程度の要素のつながりで成り立っています。**この一〇個が直列に並んでいると仮定すると、それぞれの段階で二者択一を迫られた場合、二の一〇乗で一〇二四通りの組み合わせが考えられます。そして、この中から最適なものを選ぶときに、「一〇二四通りをすべてしらみつぶしに確認すべき」と考えるのがまさに偽ベテランの発想なのです。

　多くの人たちがそう考えているように、経験をたくさん積むのは悪いことでもなんでもありません。問題は経験の中身なのです。偽ベテランの判断が狂うことがなぜ多いかというと、愚直な努力は続けているものの、たくさんの経験を積むだけで論理性を考えていないからです。たとえば、一〇個の要素のつながりを考える場合、そのものの論理性を考えている人は、「三番目と四番目、あるいは八番目と九番目のつながりが最も重要である」というような見方ができます。どこを重点的に見るべきかがわかっているから、同じ一〇二四通りについて考えるにしても正確かつ速い判断ができるのです。それは神様の声が聞こえるようなものとはちがいますが、たくさんの組み合わせの中で正しいやり方だけが光り輝いて見えるという点ではこれに通じるものがあるのかもしれません。

　この一〇二四通りのうち、本当にうまくいく組み合わせはだいたい三通りくらいしかありません。これが経験則として言い伝えられている「千三つ《せんみ》」の意味です。千三つという

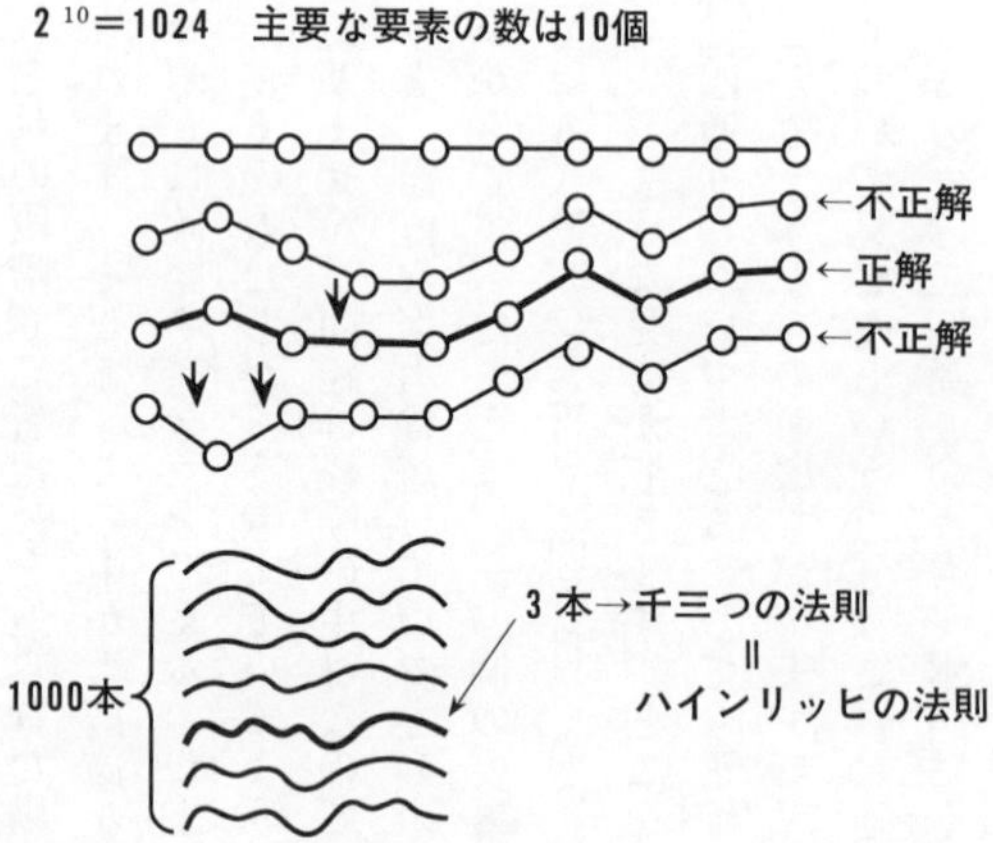

千三つの法則

のは成功の確率を示したもので、考えられる方法が一〇〇〇あるとすると、その中で価値の重みづけをするなど工夫をまったくしなかった場合にたまたまうまくいくやり方は三つしかないというものです。これは労働災害の発生する確率を示した、いわゆるハインリッヒの法則（一件の重大災害の裏には二九件のかすり傷程度の軽災害があり、その裏には災害になっていないがヒヤリとさせられた三〇〇件の体験があるというもの）の考え方とも一致しています。

直感と勘

「直観」とよく似た言葉に、「直感」というのがあります。「直観でわかる」と聞くと、こちらの「直感」をイメージする人が

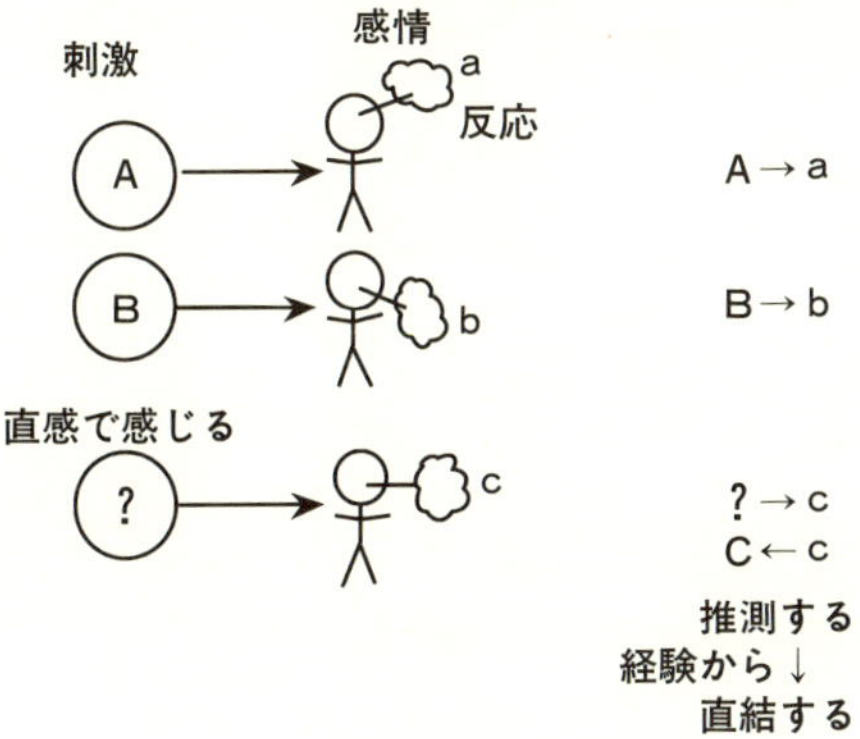

直感とは

意外に多いようです。たしかに言葉はよく似ていますが、これも意味はまったくちがいます。

直感を使っても思考のショートカットはできますが、そこで導き出される答えには「論理的な根拠」がありません。判断に際して、対象の要素や構造を一切見ていないのが「直観」とは決定的に異なる点なのです。図にあるように、「直感」を使えばたしかに、「Aならa」「Bならb」というふうにダイレクトに結論を導き出すことができるかもしれません。しかし、それは「わかる」からできるのではなく、たまたまそう「感じる」からその答えに至っているだけなのです。

この場合、Aというのはその人にとって「解決すべき問題」ではなく、感情を揺さぶ

［勘］　畑村が言う〝山勘〟ではない
一般に言われる〝勘〟

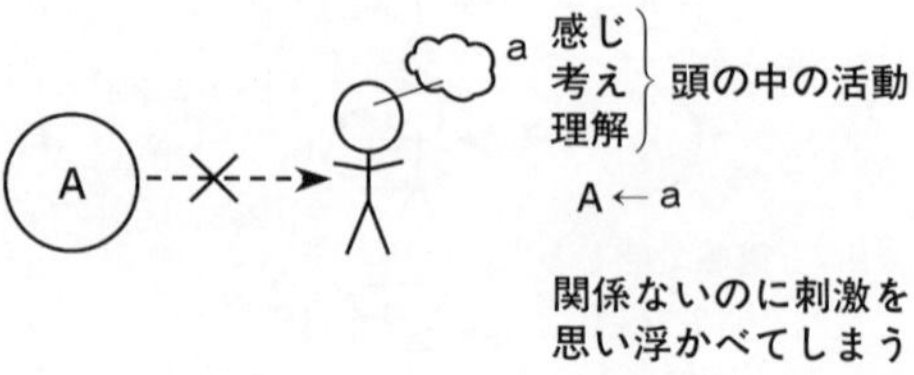

勘とは

る「刺激の源」くらいの意味しかありません。そして、そこから導き出されたaのほうも「最適解である結論」ではなく、「刺激を受けて出てきた反応」くらいの位置づけにすぎません。

　とはいえ、このような体験を繰り返し行っていると、たとえばcという結果を見たときにそこから遡《さかのぼ》って原因を推測できるようになります。cのほうから考えて、ときには原因のCを正しく特定できることもあるかもしれません。ただし、この場合も「わかる」という表現を使うのは不適切で、「感じる」と言ったほうが正確です。

　このようにCとcを正しく結びつけることができるのは、その人が似たようなことをたくさん経験している場合に限定されます。経験がないものに対しては、正しい答えを感じることはできません。もしも経験のないものに対して正しい答えを結びつけることができたとすると、その思考は「直感」ではなく、単なる「勘」であると考えるべきです。

ちなみに、ここで言う「勘」は、ふだん私の本の中で使っている「勘」とはまったくちがいます。「直感」や「経験主義」、それに場合によっては「直観」を含めたものを私は、「勘」とか「山勘」と呼ぶことがあります。混乱する人もいるかもしれないので、ここでの「勘」はそれとは別物の、いわゆる世間で言われるところの「勘」であることをあらかじめ断っておきます。

一般的な意味で言うと、「勘」は頭の中の精神活動のことを指しています。この勘を使って「Ａならａ」と思いついたときには、その人の頭の中ではＡとａをつなげる根拠がまったく意識されていません。この場合もＡというのは刺激の源でしかなく、それによって導き出されたａのほうは「刺激を受けて思い浮かべたもの」くらいの意味合いしかないのです。

その点では、「勘」の場合も「直感」とよく似ています。しかし、「直感」が過去の経験という判断基準があるのに対して、「勘」はこれがない点がまったく異なっています。

たとえば、サイコロを振るとき、「なんとなく次に⚄が出るような気がした」というのは、「直感」ではなくまさしく「勘」です。これは経験から来るものでもなければ、何かの根拠があるものでもありません。仮に⚄が本当に出たとしても、多くの場合は単なる

「偶然の一致」にすぎないので、いかにも価値のあることのように騒ぐ必要はないのです。

一時期、テレビの世界では、血液型で性格を語るような番組が盛んに放送されていました。これなどは、偶然の一致にすぎないものをいかにも価値のあることのように騒いでいる典型例です。血液型と性格を結びつけることに根拠がまったくないのは、医学的に証明されている歴然たる事実です。酒席で話のネタにするならまだしも、こういうのが公共の電波を通じて堂々と語られることには違和感を覚えるし、文化のレベルの低さを感じます。

なお、ここで論じた「経験主義」や「直感」、あるいは「勘」は、いずれも思考をショートカットさせるものです。現実にそのような使われ方をしていますが、残念ながら常に正確であったり最適解が導き出せるというものではなく、これを使ったときには誤った答えを導き出すリスクが高まることを覚悟する必要があります。

思考のショートカットができて、なおかつ正確であり最適な答えを常に出すには、やはり「直観」にまでいく以外にありません。その点から言っても、私たちが目指すべきは「直観でわかる」ことなのです。

5 「わかりやすいこと」の落とし穴

形式論理の落とし穴とは

本書では、目の前の事象と自分の頭の中にあるテンプレートが一致したときに、人は「わかる」ということを再三述べてきましたが、じつはそこには気をつけなくてはいけない落とし穴があるということを、ここで説明しておきましょう。

それは、自分の持っているテンプレートが実際は不完全なものであるにもかかわらず、そのテンプレートと目の前の事象が一致しているかのように見えて、すべての説明ができると錯覚してしまうケースがしばしばあるということなのです。

これはとくに、自分のかつて学んだ公式や定理、定説や常識を、そのまま形式的に目の前の事象に当てはめるときなどによく起こることです。

このように、ある事象について、その内容を深く検討することなく形式面から真偽を問うような論理展開を一般的には「**形式論理**」と呼んでいます。

形式論理は、誰もが日常的にやっている「早わかり」のための方法のひとつです。しかし、これによって導き出した、誰もが「わかりやすい」と思っていることに、ときとして大きな落とし穴があることを説明しましょう。

形式論理の落とし穴にはまっている代表例として、私は「熱力学（従来の工業熱力学）の理解」が真っ先に思い浮かびます。熱力学というのは物理学の一種で、壮大な実験を積み上げていくことでわかってきた圧力と温度と体積などの関係を体系化したものをいいます。産業革命以降の社会は熱機関を利用することで根本的に変わっていきましたが、この基礎となった、ワットが発明した蒸気機関の能率をあげることを目標にして一九世紀の中頃から発展してきた学問で、いまでも現象の理解のために広く使われています。

熱力学の特徴は、分子や原子といった物質の微視的な構造は問題にせず、巨視的な立場からのみ見るような見方をしている点にあります。その意味では、現象の理解の方法として極めて表層的、表面的なものだといえます。そんなこともあって、これに満足できない人たちは、分子・原子の動きから現象を見る方法を研究しました。これが二〇世紀に発展した「統計力学」と呼ばれている学問です。

熱力学と統計力学を比較すると、どちらが真実に近い理屈を述べているかは一目瞭然です。誰が見ても統計力学のほうが真実の理屈なのです。ところが、大学の工学系ではいまだに、統計力学ではなく、表層的、表面的な理解の仕方をしている熱力学の教育に力を注いでいます。この姿勢は、産業に従事している人たちの間でも基本的に変わりません。

なぜこんなおかしなことがまかり通っているかというと、いまある産業はもともと一九世紀の学問体系によってできあがっているので、表層的、表面的な理解の仕方だけでもほとんどが間に合ってしまうからです。あえて深い理解に到達しなくても、いままではすべてこと足りてきたのです。とくに必要でなければ、多くの人間はそれ以上の深い理解を求めなくなります。そして、深く理解しようとする人を見て、「重箱の隅をほじくるような、余計なことをしている」と思うようにさえなります。

一方、深く理解している人は、表層的、表面的な理解しかしない人の論理はインチキだと見ています。どちらに理があるかは明らかで、この場合、細かいことを言っているほうが正しいのは言うまでもありません。たしかに蒸気や水を扱っている間は、従来の熱力学を理解しているだけで十分です。しかし、もっと広い、電気的なものや磁気的なものとの組み合わせで考える場合は、古い熱力学では対処することができません。

これがまさに従来の熱力学の限界です。そこで正しいとされているものは、狭い世界での真実に過ぎないのです。対象がもっとずっと広くなったときには、無力になるということが必ず起こります。謙虚になれずにそのことに気づけない人は、将来において必ず越えられない壁にぶつかることは目に見えているのです。

ずいぶん長々と、熱力学の話をしてしまいましたが、**「狭い世界での真実」にしか過ぎないものを、どんな分野にでも当てはまるかのように扱ってしまう、というのが形式論理**

の持つ大きな問題点なのです。

すべての領域で当てはまるかどうか

「形式論理」は、過去の公式や定理、常識といったものをそのまま当てはめる場合だけに使われるわけではありません。そこで別の角度から形式論理について説明しようと思います。たとえば、「AならB」と「BならC」というふたつの論理が成り立つとします。この状態のときに「AならC」という仮定が成り立つと考えるのが、形式論理の最もわかりやすい形です。

私がこの形式論理のおかしさに気づいたのは、高校生のときの漢文の授業がきっかけでした。その授業ではいつも先生が例文をあげて「例文ではAならB、BならCが成り立つからAならCが真理と書いてあるよね。これはいまの社会でも一般化できる真理だ」といった教え方をしていました。

しかし私はその授業を受けながら、「たしかに例文の世界では先生の言っていることは正しいかもしれないけれど、この論理はちょっとおかしい気がする。ましてや、それを一般化していまの社会でも成り立つというのはすごく変だ」と感じていました。

高校時代の私が感じた授業のおかしさを表したのが左の図です。A↓B、B↓Cはそれ

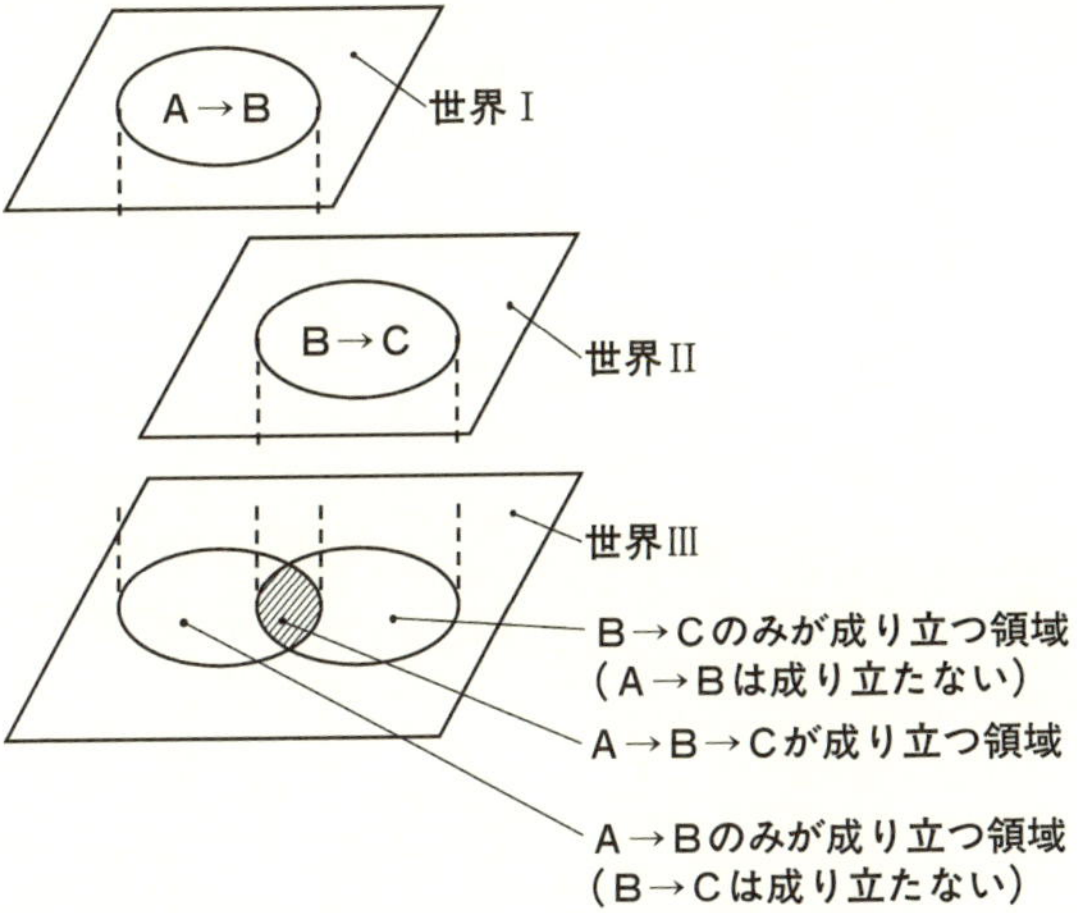

形式論理が成り立たない訳

ぞれ例文で書かれている真実です。世界Ⅰ、世界Ⅱは、いまの社会です。図を見ればわかるように、漢文の授業で「真理」と言っていたのは、本当はA→Cが成り立つ斜線の狭い領域だけのはずです。ところが漢文の先生は、こうした狭い領域でしか成り立たないはずのことを、あたかも全体（世界Ⅲ）で成り立つかのように教えていたのです。

こうした経験は、誰でも一度や二度はあると思います。この場合、「納得させようとする人」と「納得しないでいる人」のどちらに理があるかというと、私は納得しないでいる人に理があると考えています。

たとえば二〇〇一年に大騒動になった日本におけるBSE（いわゆる狂牛病）の問題でも、私は当初から農林水産省の論理に疑問を感じていました。農水省はBSE牛が登場する前には、「われわれの調査では日本は肉骨粉を輸入していないのでBSEが発生するはずがない」と主張していました。この理屈において、Aは「BSEは牛が肉骨粉を食べることで発症する」です。Bは「日本は肉骨粉を輸入していない」。Cは「日本の牛は安全だ」ということになるでしょう。

たしかにこの場合、形式論理として導き出された「AならC」には、論理的にはおかしなところが何もありません。おそらく多くの人は、「AならB、BならC、それならAならCでまちがいない」という論理をそのまますんなり受け入れられるはずです。事実、BSEの問題に際しても、早い段階でヨーロッパでは大騒動になっていたにもかかわらず、農水省のこのような主張を疑問に感じる人はほとんどいませんでした。

ところが問題は、実際には、「AならBのみが成り立ち、BならCが成り立たない領域」や「BならCのみが成り立ち、AならBが成り立たない領域」も存在するにもかかわらず、「AならB、BならC、それならAならCでまちがいない」と主張する人の頭の中では、その論理が当てはまらない領域もあるということがすっかり抜け落ちているということなのです。これがまさしく形式論理の落とし穴なのです。日本におけるBSE問題も結局、Bという前提が崩れて大騒動に発展したのは周知のとおりです。

「AならB」「BならC」が成り立つなら、「AならC」が正しいことは疑いの余地がないように聞こえます。しかし、このときに、大前提としている「AならB」「BならC」が、本当にその事柄を正しく代表している法則であるかどうかをきちんと検討する必要があります。検討もせず「AならC」を正しいものとして見るのは、やはり無理があります。

七三ページの図のように「A→B」「B→C」が成り立つのが事実だとしても、この論理が通用する領域はかなり限定されたものにすぎない可能性があるのです。そして、そこから派生して導かれた「A→C」という論理が成り立つ領域もまた、本当は「A→B」と「B→C」が重なっている部分に限定される可能性が高いのです。

そう考えると、形式論理によって導かれた「AならB、BならC、だからAならCになる」という結論は、どこにでも成り立つものなどではないのがよくわかるでしょう。

実際、思考停止の状態にない、日頃からきちんとものを考える習慣のある人がこうした論理展開を見れば、「狭い部分でしか成立しない論理をあたかも全体で成り立つかのように考えているのではないか」という疑問が当然のように生じるはずです。この疑念は、はじめに与えられた「AならB」「BならC」が本当にすべての領域で起こるかどうかを確認しないかぎりは消えることがないのです。

雑な論理と受け手の問題

いま話したことは、形式論理を使うことで簡単に導くことができる、誰もが「わかりやすい」と思っていることに潜んでいる落とし穴です。

形式論理を使った雑な論理の組み立ては、本人の勉強不足（この場合、自分自身は勉強不足だと思っていない人が多い）や単純ミスだけでなく、相手を煙《けむ》に巻いたり、騙《だま》したりするためにわざと使う場合など、さまざまな場面で見られます。

じつは、評論家と称する人たちの社会現象のとらえ方でも、こうした雑な論理の組み立てが少なくありません。たとえば、少年の凶悪犯罪が起こると、したり顔でテレビゲームや携帯電話との関連が語られるのはその典型でしょう。ゲームや携帯電話が少年たちを凶悪化させているという話はなんとなく説得力があるように思えますが、よくよく聞いてみると、たんに犯罪を起こした少年がたまたまゲーム好きだったという程度の話なのです。

また似たもので、「詭弁《きべん》の論理」というものもあります。左図で説明しましょう。(イ)という条件の下ではA↓Bが成り立つ事象があるとします。その事象は条件が(ロ)に変わるとA↓Cは成り立つけれど、A↓Bは成り立たないものだとします。ところが条件が(ロ)に変わっているにもかかわらず、条件が変わったという事実を隠して、相変わらずA↓Bが成り立つと言って説得してしまうことです。言い換えると詭弁の論理は条件のすり替えによる説得です。

一方でこれは受け手の問題もあります。**人は起こって欲しくないことはなるべく考えないようにするという性質があり、またそうだと思いたい話は簡単に信じる性質があります。**先のBSEの話でいうと、日本国内でBSE問題が発生することなど誰も望んでいないわけですから、「農水省が大丈夫と言うのだから大丈夫だ」と信用してしまうのです。

またふだんテレビゲームに興じたり、携帯電話でメールをする若者の姿を「最近の若い者は」と苦々しく見ている人は、評論家の説明を聞いて「それ見たことか」と、その解説を鵜呑《うの》みにしてしまうのです。

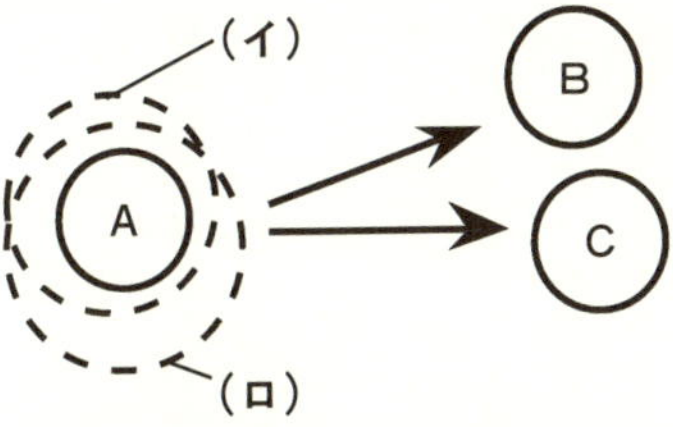

(イ)の条件下では、A→Bが成り立つ
(ロ)の条件下では、A→Bは成り立たず、A→Cしか成り立たない
ところが「詭弁の論理」では、条件が(ロ)にもかかわらず、それを隠してA→Bが成り立つかのように相手を説得する

詭弁の論理

また「はじめに」でも触れたように、現代のように社会が複雑になってわかりにくくなってくると、逆に人はより「わかりやすい説明を求める」ようになります。ちょっと聞いてそれが「わかりやすい」説明だと、本当なのかどうかを検討することもなく、その説明に飛びついて

しまうということが、しばしばあるのです。

詐欺師のテクニック

これを悪用して商売しているのが「詐欺師」と呼ばれる人々でしょう。私自身これまで、詐欺師と呼ばれる人たちに騙されたことが何度かあります。たとえば、子どもの頃に家で留守番をしていたときには、「東京都ではゴミ回収用のゴミ箱を各家庭で備えることになりました」と説明するセールスに見事に騙されました。

いわゆる共稼ぎの家庭だった我が家では、両親が留守の間に起こることは子どもが自分で解決するのがルールになっていました。そのためのお金も渡されていたのですが、「決められたのだから高いけど買わなければいけない」と判断して、コールタールが塗ってあるだけのゴミ箱を買ってしまったのです。ちなみに、そのことを帰宅した父に報告すると、叱るのでもなく相手の話の矛盾点や私の判断のどこがまずかったかを丁寧に教えてくれ、次に同じように騙されないようにと言ってくれました。そのお蔭で騙されたショックを引きずることもなく、むしろ「いい勉強をさせてもらった」と思うことができました。

また、大人になってからもこんなことがありました。私は庭に果物がなる木を植えるのが夢だったので、家を建てるとき、家のまわりに植樹をしました。ところが、手入れをする時間がまったく取れないので、実はつけてもすぐに落ちてしまいます。どの木も同じ状態で、これにはほとほと困っていたのですが、そこをつけ込まれて、「近所を回っている植木屋」と称する人たちに多額のお金を払う羽目になってしまったのです。

この人たちは「手入れをしてやる」と言ってこちらが承諾すると、四、五人で作業して、一応は約束どおり二時間程度で剪定《せんてい》をしました。しかし、その作業は、チェーンソーで片っ端から木を切っていくだけというもので、とても植木職人の仕事には見えません。私としては納得できなかったものの、相手に「約束どおりのことはした」と主張されて、渋々お金を払ったのでした。

こうした自分自身の経験を振り返って考えると、彼らが駆使しているのがやはり形式論理のインチキだったり、詭弁の論理なのです。やり手の詐欺師になると、相手が気にしているもの、欲しがっているものを見極め、形式論理を使いながら、相手を騙していきます。さらに騙される側と同じ心理状態になったつもりで物事を考えることができるから、都合のいい方向に相手の考えをうまく誘導できるのでしょう。

一軒家に一人で住んでいるお年寄りの家に上がり込んで違法なリフォームをするいわゆる「リフォーム詐欺」も、詐欺師の巧みな言葉に「終《つい》の住処《すみか》に万一のことがあったらたいへんだ」「こんな好青年が言うことだからまちがいないにちがいない」といった気にさせられることから成立するのでしょう。

つまり論理的にも心理的にもその瞬間は納得させられてしまうのです。

占い師のすごさとは

詐欺師と一緒にするのはちょっと問題がありますが、占い師や手相見などがやっていることも基本的には同じでしょう。

もちろん、ここで私が言いたいのは、占い師や手相見の仕事はまったく無意味だということではありません。むしろこういう人たちは、人間が生きていくうえで必要とされる機能を担っているとさえ思っています。

たとえば、人間には、右であれ左であれとりあえずどちらか一方に進むことが求められる場面があります。ところが、右に進むべきか左に進むべきかで悩むと、結果としてどちらにも動くことができなくなってしまうケースもあるのです。とくにその決断が多くの人に影響を与える場面などはそうでしょう。こういう場合、自分の判断ではどうにも動くことができません。そこで発せられる占い師などのひと言が、これに踏ん切りをつけさせることが現実にはあるのです。実際、ときには占い師の占いによって判断する会社のトップもかなりいます。そうなると、占いなどに経営を左右されるなんてけしからんと考える人もいますが、それは間違いです。この場合、最終的に経営者の決断の踏ん切りをつけさせる機能を占い師は持っているのです。大切なのは決断して動くことです。

しかも、優れた占い師や手相見のすごさは、こういうときに相手が何を求めているかを鋭く読み取っている点です。そのうえで、当てずっぽうのデタラメではない、相手にしてみれば正しい刺激を与えてくれるのです。

余談になりますが、日本三大霊山に数えられる青森県の恐山《おそれざん》でいわゆる「口寄せ」をしている「いたこ」が活躍できるのも、ほぼ同じ理由ではないでしょうか。口寄せというのは、いたこが死者の魂を呼び寄せ、自らを媒介として依頼人と亡くなった人との間で話をさせることを言います。依頼人にしても亡くなった人と本当に話ができると信じているわけではないでしょう。それでも依頼人の心の中には亡くなった人がたしかに生きているのです。ですから気持ちが落ち込んだとき、迷っているときなどに、いたこを媒介として死者と対話することで、依頼人は気持ちの整理をつけたり、明日への活力を得たりするのです。ビジネスとしてきちんと成立しているということは、依頼人の求めているものを汲み取って、それを口寄せという形で表出することをいたこたちがきっちりやっているからでしょう。

詭弁の論理に騙されないために

ところで、形式論理のインチキや詭弁の論理に惑わされたり騙されたりしないためには、いったいどうすればいいでしょうか。

これにはまず、相手の言っていることが形式論理のインチキだと思ったら「あなたの言っていることが成り立つ範囲はどこからどこまでか言って下さい」と訊いたり、詭弁の論理だと思ったら「あなたの言っている前提条件は何ですか?」と訊くなど、相手に証明させるという手があります。

もしくは、形式論理の言っていることが成り立たない場合があることを、ひとつでも指摘できればいいのです。つまり「おまえの言っていることは、こういった場合は成り立たなくなるから変だ」と一例でもあげられればいいのです。

逆に「公理」などは、「それが成り立たないという証明がないことをもって正しいとする」という論理になっています。「公理」というのは、一般に広く通用する真理や道理のことです。これは正しいという説明ができないものの、矛盾したりダメだという証明もできません。そのことによって、正しいと認められているのです。

いわゆる「定理」は、もともとこの「公理」の下に位置づけられています。「公理」に基づいて、論証によって証明されたものが「定理」なのです。つまり、「定理」そのものは論証されていますが、その前提である「公理」はもともと論証されていないのです。

実際、日本の社会も最近では、こうした形式論理の悪用を許さない方向で動くようになっています。たとえば、PL法（製造物責任法）などはその典型でしょう。

PL法というのは、製造物に欠陥があったとき、メーカーは無過失責任を負わなければならないということを謳《うた》っている法律です。もちろん、この法律が施行される以前から、民法によって消費者には損害賠償の権利が認められていました。しかしそこでは、製品のどこにどのような欠陥があるかについて、製品に関する詳しい情報を持ち得ないはずの消費者側に証明責任を求めていたのです。これをあらためて、「欠陥がある」という消費者の主張をとりあえずは全面的に認め、反論がある場合は「欠陥がない」ということの証明をメーカーの側が行わなければならないとしたのがPL法の趣旨です。つまり消費者は欠陥があったことを訴えるだけでよくなったのです。

製品に関する詳しい情報を持ち得ない、弱者であるはずの消費者の側に欠陥の証明責任を求めるというのは、ちょっと考えれば誰でもおかしな感じがするはずです。こうしたいびつな社会運営がまかり通っていたのは、まさしく日本の法律が形式論理によって動いていたからにほかなりません。形式論理は一見すると正しいもののように見えるので、優位に立ちたいがためにこれを悪用する人が必ず出てきます。社会正義を保つには、こういう悪弊を打ち破っていく必要があることをつけ加えておきたいと思います。

6 暗記で、できること、できないこと

二通りのテンプレート構築

前述したように、ある事象を見たとき、その事象の要素と構造が自分の頭の中のテンプレートと一致した瞬間に、人はそのことを「わかった」と感じるようになります。

さらに、完全に合致するテンプレートを持っていない場合でも、頭の中に持っている似たような要素や構造を加工して新しいテンプレートをつくり、それと合致させることで同じようにそのことを「わかった」と感じることができます。これが先ほどから述べている、私が考える「わかる」ということの仕組みです。

じつは、前者と後者の「わかる」の間には、大きな違いがあります。それは後者の「わかる」過程には自分の頭の中で新しい考えを構築するという行動が入るということです。

さらに、この新しく考えを構築するやり方にも二種類あります。ひとつが自分の力で新しいテンプレートを頭の中でつくりあげていく方法、もう一方が新しいテンプレートを、

ひたすら頭の中に詰め込んでいく方法です。

たとえば、受験数学などでは、定理なり公式を覚えたうえで、たくさんの種類の問題を解くことで問題に対する解法パターンを増やす訓練をしていますが、このとき定理や公式の持つ意味を理解して、それぞれの問題に対して、その定理や公式を組み合わせて解こうとする人と、定理や公式、さまざまな解法パターンをそのまま丸暗記して解こうとする人がいます。定理や公式を組み合わせて解こうとする人は、新しいテンプレートを自分の頭の中でつくり出していくタイプ、丸暗記する人はとにかくテンプレートを詰め込んで数を増やすタイプと言い換えることができるでしょう。

受験産業が発達しているいまは、学校別に過去の試験問題を徹底的に分析して傾向を割り出すことがふつうに行われています。すると、目標にしている大学の受験に必要とされる解法パターンに絞って覚える丸暗記タイプでも、合格は可能でしょう。事実、このようにしてかなりの難関大学に合格している人も、世の中にたくさんいます。たしかにこと受験勉強に限れば、いちばんムダの少ない効率的な勉強方法だといえるかもしれません。

私自身の印象でも、東大に入ってくる学生の少なくとも三割くらいは、こうした丸暗記によって、受験を突破してきたように見えます。そうした丸暗記タイプは自分の知っている問題に対しては、たいへん解答スピードが速いのが特徴です。

しかし残念ながら、大学に入ってからは、こうした人は非常に苦労することになります。なぜなら大学では、暗記だけではクリアできない「自分で考えを構築していかなければいけない」「何が課題なのか自ら見つけなければいけない」「見つけた課題を自分なりに解決する方法を講じなければいけない」などといったことが求められるからです。記憶力とマッチング能力だけでやってきた人には、これができないので、途端に何もできなくなるということが起こります。言い換えればそうした人たちは、テンプレートは持っていても、それを応用できない人たちということになるでしょう。

決まった道を歩くリスク

これは山登りにたとえることができます。山に登るときには、道なき道を進むよりも誰かが歩いた道を歩いたほうが圧倒的に楽です。

たとえば私が友人たちと山スキーをしたときのことです。目的地まで一〇人程度が一列になって雪の上を進むのですが、このとき先頭にいる人は、一度にせいぜい五〇歩くらい進めることができればいいほうです。なぜなら、新雪では一歩一歩雪を踏みしめないことには前に進むことができないからです（これをラッセルといいます。ラッセル車はこの役割をする汽車のことです）。これは非常に重労働なので、誰かが五〇歩程度進んだら別の人に交代するというように進むしかありません。

　雪山を先頭で進むのはたいへんなことですが、これが後ろになると途端に楽になります。同じ雪山でも、誰かが踏みしめた跡は楽に歩くことができるからです。これは人間の営みのどんなことにも通じるものではないでしょうか。

　誰かが答えを出した道をあとから進むと、その人の考え方のルートをまったく同じようにたどるだけで、失敗もせずに目的が達成できるので、非常に楽です。場合によっては、それこそ直観的理解の方法と同じで、途中のプロセスを省いて一気に結論に飛んでしまう、いわゆる「いいとこ取り」が可能になります。また、一度誰かが考えていることは、全体像をとらえるのが簡単にできます。誰かが考えた跡をなぞるようにして、「こういう考えもあるのか」と吸収するだけでいいから、このやり方を使えば、それこそはじめてそのことを考えた人の一〇〇分の一くらいの労力で同じことができます。

　ただし、仕事をするにしても何をするにしても、いつも順調なわけではなく、時にはアクシデントに遭遇することもあります。そうしたときにすでにある道ばかり歩いてきた人は、誰かが歩いたことのある道の上でしかものが考えられません。また山登りのアナロジーでいうと、山を登っていて仮にその道の先にある橋が一ヵ所落ちていたりすると、もうどこにも行けなくなります。

日頃から自分でルートを探し出す経験を積んでいる人は、こういうときでも動揺することなく柔軟に対処ができます。パニックになることもないし、思考停止の状態に陥らずに別ルートを自力で見つけられるのです。なぜそれができるかというと、日頃から自分でものを考え、いろいろなことを試しているので、川面の石や水の中を歩くときにどうすれば滑らず安全に行けるかがわかっているからです。うまくいく方法だけでなく、水の中の石は乗った途端にぐらっと動くといった、まずくなるシナリオもわかっているので、これらを考慮しながら、川面に顔を出している石の上を行けばいいとか、川に入って緩やかな流れの中を歩くといった別ルートをすぐに考えることができるのです。

丸暗記人間の限界

東大生でも三割くらいは、丸暗記タイプ＝人の歩いた道のあとばかり歩いてきたタイプだと前述しましたが、問題はこの人たちはそれでもなお、「自分は頭がいいから東大にいるんだ」と思い込んでいることです。このプライドが邪魔をして、「間違っているかもしれないけど、まずは自分でやってみる」という方向に動き出せないのです。入学後、学生がノイローゼになるケースをよく耳にしましたが、そういうのもだいたいがこういうタイプの学生でした。

さらにこうした人たちは、社会に出てからますますたいへんになります。周りの人たちは、こいつは東大出てるし優秀なのだろうという目で見ています。実際ふだんの決められた仕事をこなす段階では仕事は速いし正確です。しかし、何か予期せぬ事態が起こったときや、創造的な能力が要求される場面では、一転してまったく力を発揮できないということが起こります。そうなると当初の期待が大きい分、だんだんと周りの目も厳しくなっていきます。

このように、丸暗記でパターンのマッチングだけでやってきた人は、やはり限界があるのです。そもそもこの種の人には、創造的な仕事ができないという問題があります。創造の過程では、人は必ず「ああでもない」「こうでもない」と迷う経験をします。そしていろいろなことを試しながら新しいものをつくっていくのが創造で、これは迷いながら自分の考えを構築する経験をしてきた人にしかできないことなのです。

解法パターンを覚えるだけでやってきた人というのは、自分で新しい考えを構築した経験がないので、新しいものもまた、つくり出すことはできません。これが以前のように、日本がまだ欧米を追いかけていた時代なら、示されている手本を学んで改良するという方法で、創造が成り立っていました。しかし、いまは消費者が求めているものは何か、何をつくり出すのかといった**「課題設定」**から始めなければ創造をすることはできないのです。

実際、社会自体も、たくさんのパターンを覚えて上手にそれをマッチングできるだけのいわゆる「課題解決型人間」には、これまでのように尊敬を払わなくなっています。いま求められているのは、ある程度の危険を承知で消費者のニーズに応えられるものを自らの力で探しに行ける人です。それはまず第一に、自分自身で考えを構築する経験から始めなければいけないのです。

「課題設定」が自分でできるか

現代社会で本当に必要とされていることは、与えられた課題を解決する「課題解決」ではなく、事象を観察して何が問題なのかを決める「課題設定」です。課題解決と課題設定のちがいは、「HOW」と「WHAT」のちがいと言ってもいいでしょう。そしていまは**何よりも「WHAT」が社会で必要とされる時代**なのです。

そしていまの教育に決定的に欠けているのが、この課題設定の能力を養うことなのです。いつも「この問題にはこの解を当てはめてみる」という解法パターンを教えるだけでは、課題解決の方法は身についても、課題設定の能力が身につかないのは当然です。

私は自分の授業では、こうしたことを考えて、学生たちが嫌でも課題を見つけていくような場をつくることを心がけています。たとえば東大で行っていた「産業実習」という授業などはこの典型です。これは文字どおり産業の現場に出かけて実物の機械に触れるというものです。

この授業は「何を覚えなさい」「これをやりなさい」という指示を一切出さず、いきなり学生たちを土木建設用のパワーショベルなどの前に連れていき、「自分で動かしてごらん」と言うことから始まります。そう言われて、「わかりました」とすぐに機械を起動する学生はさすがにいません。下手に動かしてケガをしたり機械を壊すことを心配するので、たいていの人は機械の構造についてあちこち見ながら考え、自分なりの理解をしてから機械を起動させることになります。

私が機械の構造や操作方法についてきちんと教えるのは、学生たちが自分自身でその機械のことを一通り考えた後です。これと同じ要領で、機械を分解させ、再び組み立てるという作業も、何も教えず、まず自力でやらせます。このときにも、行き詰まらないかぎりは設計図も見せません。これらはすべて、自分で考えるように仕向けるためです。

授業の効率を考えると、私のこの教え方は優れているとは言えないでしょう。あらかじめ機械の構造を説明し、設計図を見せ、操作方法を教えてから現物を見せたほうが、対象を理解するのに要する時間は節約できるからです。しかし、理論を先に学ぶやり方では、本当の意味での理解に到達できないと私は思っています。

それどころか、現物を見る前に知識として学ぶことで、その人は「自分はこのことについて確認するまでもなくすべて理解している」と錯覚する危険もあります。この「わかったつもり」ほど危うい状態はありません。「わかったつもり」になった人は、それ以上のことを学ぶ意欲が持てません。それでいて実際にはわかっていないのですから、この人は機械を正しく扱うことができないし、無理に扱えば事故か失敗に遭遇するのは目に見えています。

通常は、学校でも企業でも、最初に理論やマニュアルを教えてから実物に当たらせる教育が主流です。これは理屈に合っているようで、じつは悪い教え方だと私は思っています。本当の意味で理解して知見として使えるようになるためには、まず最初に本人が勉強したくなる状況に追い込まれて、自ら勉強したいと強く思うことが必要なのです。時間がかかっても自分でジタバタしながら自分なりの考えを構築していくことが、のちのち大きな差になるのです。

第2章　自分の活動の中に「わかる」を取り込む

1　まず身につけておくべきもの

暗記だって意味はある

前章では「わかる」とはどういうことかについて述べてきましたが、この章では、日常の活動の中にどうやって意識して「わかる」を取り入れていくかについて考えてみたいと思います。

前章で私は、自分自身の体験を紹介しながら丸暗記についてだいぶ否定的なことを述べてきました。しかし、それは丸暗記でやっていくことの限界について指摘するのが目的で、暗記による知識の獲得そのものが「意味がない」と考えているわけではありません。それどころか、いろいろなことが「わかる」ようになるベースを頭の中につくるときには、むしろ**暗記は必要不可欠**だと考えています。

そもそも、何もない、まったくのゼロの状態から何かを生み出すことはできません。物事を理解することも同じで、自分の中に理解するための必要な要素となるものを最低限持っていなければ、これを使ってテンプレートをつくっていくこともできません。つまり、わからないものをわかるようにするにも、最低限必要となる知識を準備しておく必要があるということです。

そのためには基礎的な知識は暗記によって頭の中に入れてしまうのです。たとえば算数でいえば誰もが通る「九九《くく》」などはその代表でしょう。ほかは2の累乗や、ルートも10くらいまで覚えておいたほうが得です。漢字や英単語だってマニアックなもの以外はともかく覚えておいたほうがいいに決まっています。

また、なかには子どものころ、「百人一首」や「いろはがるた」などを遊びを通じて覚えた人もいるでしょう。こうした昔の人が残した短い言葉の中には、生きていくうえでの知恵が凝縮されて残されています。こういうものを持っているのが先人たちが積み重ねてきた文化の強みで、これを有効利用しない手はないのです。たとえ丸暗記をしたその時点ではきちんと意味が理解できなかったとしても、さまざまな経験を積む中で、理解は深まっていくでしょう。そして、いずれはそこからさらに別の知見を導き出すというような、生きた知識として使えるという可能性があるのです。

これはまさに人間の営みそのものです。言語が誕生したといわれる約七万五〇〇〇年前の人といまの人を比べると、人類の知的能力という点では同じだという説があります。しかし、持っている知識の量や深さに関しては、二〇〇〇年前の人に比べてもいまのほうが圧倒的に優れているといえます。これは「得られた知見を後世に伝える」ということを人間が昔から愚直に行ってきた成果で、こうした財産として私たちが持っているものを理解のための道具として使わない手はないのです。

もちろん、こうした知識も誰かに言われるままの受け身の状態で覚えているうちは、それが伝えている知見を理解することはできないでしょう。でもとりあえず、最初はそれで構わないと思います。ここで重要なのは、「とりあえず自分の頭の中に備える」ことなのです。これをきちんとやっておけば、さまざまな経験をする中でいずれそのことがわかるようになるし、必要な状況が訪れたときにはその知見を使うことができるようになるというわけです。

数と親しむ

覚えるべき基礎的な知識は暗記で覚えるということと同時におすすめなのは、「数と親しむ」ということです。別に理系の人間に限らず文系の人間にとってもお金や人の管理だけでなく、数で事象を見ることの大切さは変わらないので、数に親しんでおくというのは有効です。

子どものころ、自動車のナンバープレートや電車のキップに表示されている四つの数字を見つけて、足し算や引き算、それから掛け算や割り算を駆使して「10」にするという遊びをした経験のある人はたくさんいると思います。たとえば、目に入った自動車のナンバーの一番大きく表示されている四桁の数字が「2372」だったとすると、「3＋7×(2÷2)」という式をつくって「10」にするのです。

この遊びは、人に言われて始める子もいれば、誰に言われるのでもなく自分でなんとなく始める子もいるようです。きっかけはどうあれ、いずれの場合も面白いと感じて夢中になって遊んでいる子は、これに比例するように算数の成績が良くなるようです。なぜそうなるかというと、楽しく遊んでいるうちに、自然に数の性質が理解できるようになるからだと思います。

数字を見たとき、たとえばそれが「8」だとすると瞬間的に「2」を求めるというのは、これと同じなのではないでしょうか。要するに、「10」という安定した状態に持っていきたいという、足りないものを補おうとする気持ちが無意識に働くのだと思います。私にはすべての数字が「10になりたい、10になりたい」と望んでいるように見えます。もちろん、それは必ずしも足し算で思い浮かべるとはかぎりません。なかには「8」と聞けば、掛け算で「1・25」という数字を思い浮かべる人もいるかもしれません。

これは補色の関係によく似ている気がします。補色というのは、いわゆる反対色のことで、黄色に対する青紫や青緑に対する赤がそれです。

補色には、一方の色を凝視し続けると、それが消えた瞬間に反対色が残像として知覚されるという不思議な特徴があります。実際に赤いものを見続けるとわかりますが、視界からそれが消えたときには、赤の補色である青緑色の残像が浮かびます。これは人間の脳が、足りないものを補おうとする方向に動くつくりになっているからそう見えるといわれています。

陰山《かげやま》英男氏などが提唱して話題になった百マス計算なども、日頃から数字や計算に慣れ親しむという意味では良い方法だと思います。百マス計算というのは、文字どおり百マス(一〇個×一〇個)の表をつくり、その枠外の縦と横に数字をランダムに並べて、縦と横の数字がぶつかるマスの中に足し算や引き算、あるいは掛け算の答えを書き込んでいくというものです。短時間にたくさんの計算を行うことで計算能力を培うのが本来の目的のようですが、最近は小学生の基礎学力育成だけでなく、中高年のボケ防止といった脳の訓練方法としても使われています。このように日頃から計算をしていると、数字を見ただけで無意識のうちにそれを整理してとらえる方向に頭が動くようになります。表面的に見るのではなく、数字の持つ性質に注目するようになるのです。

定量化訓練

数に親しむということと関連して、日頃から簡単にできる準備として、自分の行動や身の周りにあるものをきちんと観察して数として把握する「**定量化**」を行っておくことも有効です。私は設計者にとって数を直観で把握することは非常に重要だと思っていたので、とくに意識してそうした訓練を日常やっていました。

たとえば、私は昔から、「日野百草丸」（長野県木曽郡木祖《きそ》村の日野製薬）という薬を愛用しています。これは一粒が直径三ミリくらいの大きさの生薬で、お腹が下ったときにはこれを二〇粒服用するのが正しい使い方です。よほど私の体に合っているのか、効きがいいのでこの薬をもう何十年も使っていますが、繰り返し服用しているうちに面白いことができるようになりました。瓶から出すとき、掌《てのひら》に載せた粒をわざわざ数えるようなことをしなくても、見当でおよそ二〇粒がわかるようになったのです。

これは日によって多少狂うこともありますが、誤差はせいぜいがプラスマイナス一です。ぱっと見て「これぐらいだろう」と思えるときには、一九粒から二一粒の間でだいたい収まっています。面白いことに、小さな薬の粒が一八だと少ない気がするし、二二だと多い感じがします。そんなわけで、大きく見当ちがいをすることはほとんどありません。

これもパターン認識の一種で、おそらく私の頭の中に二〇粒という数を理解するためのテンプレートができあがっているということだと思います。たいへんありがたいことに、このテンプレートはほかのものにも応用できます。何かの数を数えるとき、二〇くらいまでなら見当でだいたいわかります。このようにひと目見ただけで理解ができるようになるのが、まさに自分の行動や周りにあるものを数として把握する定量化の目的なのです。

このように数を瞬時に把握する力は、動物も有しています。「カラスは三個まで」というのは、カラスの数の把握能力をいっています。たとえば、巣に三個あった卵が二個に減っているとカラスは大騒ぎします。これを逆に一個増やして四個にした場合、異変に気づくことさえできないそうで、それゆえカラスは三個までしか認識できないと考えられているのです。

頭の中にいくつぐらいまでの数の認識回路を持てるかというのは、意外に大事なことのように思います。わざわざ数えなくてもひと目見ただけでわかるのですから、やはりより多くの数が認識できるほど便利です。一般的には五ないし六までという人が多く、私のように二〇まで認識できる人は珍しいようです。ただし、これは持って生まれた才能などではなく、把握できる数は誰でも訓練によって増やすことができます。

私はまた、以前から意識してこんな訓練も行っています。たとえば、地下鉄の駅などで階段を昇るとき、目測で何段あるかを推測し、これを実際に歩きながら調べるのです。また、丸い棒を見たときにはそれが直径何ミリかを考えるといったふうに、ひと目見ただけでいろんなことがわかる状態になれるように努めてきました。

じつは、私がこのようなことを始めたのも、新入社員時代に教わったことがきっかけでした。大学院を出てから、日立製作所に入社した私は、そこでいわゆる建設機械の設計をすることになっていました。しかし、工場長から「現場を知らなければ設計などできない」と教わり、一年間はあちらこちらの現場でいろんな経験を積ませてもらったのです。その途中、ある人から「本当にいい設計ができるようになるためには、ものを見た瞬間に量的なものがわかるようにならないとダメだ」ということを教わりました。そのことを日立製作所を辞めて大学に戻ってからも、常に心のどこかで意識してきたのです。

設計者にとってなぜそのことが大事かというと、ある数量、ある寸法を決めて、頭の中にそれがきちんと浮かべられる人は、第1章で説明したように目の前の事象を見た瞬間に「おかしい」とか「これでいい」という判断ができるようになるからです。その人の中には正しい数に対するテンプレートができあがっているので、これに合わないものを見たときには、いち早く異常を察知することができます。まさに「直観的」に把握されているものなのです。もちろん、これは山勘のような当てずっぽうやデタラメではありません。

ところが、そのことが理解できない周りの人たちは、いかにもそれが非科学的なことであるかのような扱いをします。そうかと思えば、直観的な理解に憧《あこが》れて、ひたすらたくさんのことを経験しようと努力している人もいます。これらの人たちの認識は、いずれもまちがっています。直観的な理解というのは、非科学的なものでもなければ、単純な経験主義でマスターできるものでもないのです。

こうした直観的な理解は、日常意識して訓練することからしか生まれないのです。自分の行動や周りにあるものをきちんと観察し、数として把握する定量化を行ったほうがよいのは、まさしくそのためです。そして、このような愚直な努力をやっている人だけが、何かおかしなものを見たときに、いち早くそれに気づくことができるのです。

こうした話を会社の経営に携わる人にすると、「それは別に設計者だけに必要な話ではなく、われわれにも必要な話ですね」と言われます。たしかに前述したように、数を直観的に把握したほうがよいのは、何も設計者に限った話ではなく、経営者はもちろんのこと、会計だろうが、営業だろうが、企画だろうが、あらゆる仕事に有効な話ではないでしょうか。

自分の身の丈を知る

自分の身の周りから始める定量化のための小さな努力として、**自分なりの物差しを持つ**ことをあげたいと思います。

たとえば、空き地の広さというのは、見た目だけではなかなかわかりません。こうしたとき、以前は万年塀の柱の数を参考にして距離を測るという方法が広く行われていました。万年塀《まんねんべい》というのは、等間隔にコンクリートの柱を立てて、その間にコンクリートの板を入れただけの塀のことです。塀というのが木材でできていて「時間が経てば壊れるのが当たり前」と考えられていた時代に登場したもので、それまでになかった丈夫な塀であることを強調するためにこんな名前がつけられたようです。

万年塀はコストも手間もかからずつくれるので、どこに行ってもよく見かけました。しかも、コンクリートの柱が一間（約一・八メートル）間隔で立っているので、「柱の数を参考にすればだいたいの長さがつかめる」ということを多くの人が知っていたのです。ところが、最近は、万年塀を見かける場所が少なくなっています。このやり方もなかなか使いにくくなっているので、私の場合は自分の「歩幅《ほはば》」を物差しとして使うようにしています。いわゆる歩測です。

一般的に、人間の歩幅は「身長の二分の一」といわれています。そのとおりだとすると、身長一八二センチの私の歩幅は、およそ九〇センチ程度ということになります。ところが、実際に歩いてみるとこれよりも短めになります。やや大股に歩くとちょうど九〇センチになることを経験的に知っているので、距離を測るときにはそのようにして歩くことでより正確な値を導くようにしています。

また、同じ歩測でも、歩数を物差しにすることもあります。万歩計を使って目的地までの時間や距離を測るのです。私が万歩計を付けるようになったのは、もともとは健康維持のために設定した「一日一万二〇〇〇歩」の目標をきちんと達成するためでした。それが万歩計の歩数を毎日チェックしているうちに、「ふつうに歩いているときには一時間で六〇〇〇歩」「犬の散歩のときはちょっと遅めで一時間で四〇〇〇歩」というのがわかってきました。これを物差しにして、目的地までの距離や時間を測っているのです。

このように自分なりの物差しを持っていると、いろいろなことが見えてきます。しかも、物差しにできるものは、私たちの身近にたくさんあります。たとえば、机の上に肘《ひじ》をつけて、さらに拳《こぶし》を手前に返してみます。このときに肘と手首の内側に出っ張る突起した骨同士までの距離は、足の大きさとほぼ同じです。また、両腕を真横にそれぞれ目一杯広げたときの、左手の中指の先と右手の中指の先までの距離はその人の身長とほぼ同じなので、これと比較することで対象の理解につなげることができます。

これと似た発想で私がよくやるのは、掌《てのひら》を目一杯広げたときの親指の先から小指の先までをあらかじめ測定しておいて、これを物差し代わりにする方法です。私の場合は、これが二三センチであることを実測によって知っているので、これを使っても対象の大きさをある程度知ることができます。

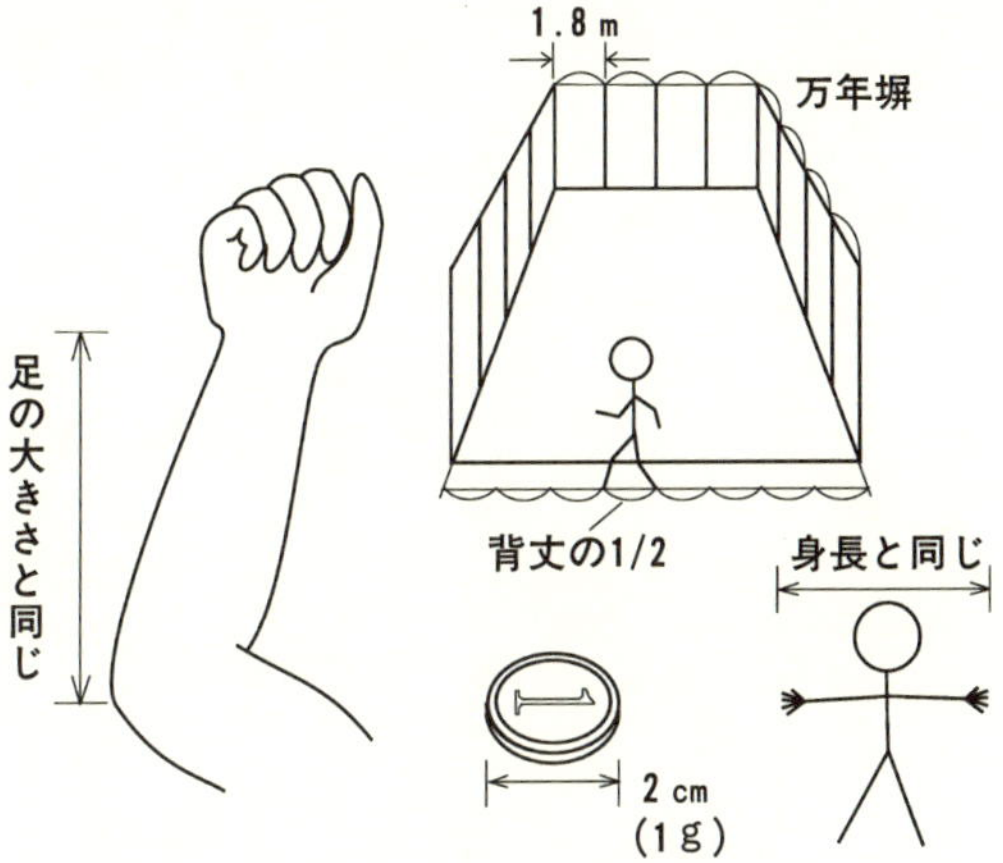

物差しを使わないで長さを測る

もちろん、このように体の部位を使うのではなく、身近にあるものを物差し代わりにする方法もあります。たとえば、一円玉の重さは一グラムで、直径は二センチといったことを知識として持っていれば、一円玉を使って対象の重さや大きさをほぼ正確に知ることが可能です。

ここで注意しなければならないのは、一般的な常識にとらわれすぎないことです。こういうものはあくまでひとつの目安と考えて、実際はどうかということをどこかで必ず自分自身で確認する必要があります。たとえば、私の歩幅がそうであるように、「身長の二分の一」という常識と実際には微妙なズレがあることもあります。これは自分自身で確認をすることでいくらでも修正ができるので、より正確な物差しを持つためにも機会をつくって確認するといいでしょう。

実際に試すことには、得られた知識を自分の頭の中により強く記憶させるという意味があります。たとえば、一円玉を一列にきれいに一〇枚並べてそれが二〇センチになることを物差しで測ったり、どこの家庭にもある料理用の秤《はかり》の上に一円玉を一〇〇枚乗せて一〇〇グラムになることをその目で確認した人は、「一円玉が直径二センチで一グラム」ということを忘れないでしょう。このように、人間は自分で体を動かして納得したときほどそのことをきちんと理解できるので、この仕組みを積極的に使っていただきたいのです。

街中で訓練する

ところで、このように何かを理解するための物差しは、自分の身近にあるものだけでなく外の現象なども使えます。たとえば、電車に乗っているときには、レールとレールのつなぎ目のところを車輪が通過するときに聞こえてくる、「カタンカタン」という音を利用することで速度がわかるようになります。

以前は一本のレールの長さは、だいたい二五メートルでした。これを基準にして「カタンカタン」という音が何秒間隔で聞こえるかを測れば、電車が走行する速度が自《おの》ずと導き出せるという具合です。

ただし、最近はロングレールが使われている場所が増えているので、この方法はなかなか使いづらくなっています。ロングレールといえば新幹線が有名ですが、実際には在来線でかなり古くから培われてきた技術です。これはレールとレールを溶接でつないで隙間《すきま》をなくして設置するというものですが、これでは温度変化による膨張・収縮が起こると困るので、ロングレールでもわざと継ぎ目を離している箇所をつくっています。ところが、この空きが数キロごとに設けられているので、以前のようにこれを利用して走行速度を測るのは難しくなっているのです。

こういうときは、別の物差しを自分なりに探してみましょう。たとえばレールの代わりに架線用の電柱を物差しにするのはどうでしょうか。きちんと調べていないので正確なことはわかりませんが、鉄道用の電柱はおそらく等間隔で設置されているはずです。その距離を調べておけば、二本の電柱を通過するときの時間から走行速度を計算することができるはずです。

数字をつかむという意味ではこんな話もあります。私は失敗学的な見地から事故を考えるために、よく事故の起こった現場にでかけることがあります。二〇〇五年四月のJR福知山線の事故でも、しばらくしてから現場に出かけていったのですが、そのときのことです。事故現場にさしかかる線路のカーブを見た瞬間、私の脳裏には東名高速道路の足柄サービスエリアと御殿場インターチェンジの間のカーブが浮かびました。そこは以前から通るたびに「急で怖いな」と思っていたカーブで、私はR300という表示もよく記憶していました。そして実際、事故現場のカーブもR300のカーブでした。R300とは半径三〇〇メートルのカーブという意味ですが、このカーブを高速で走ることの怖さは一度運転した人なら体感できるはずです。

私が福知山線の事故現場を見て、すぐに東名高速のカーブを思い出したのも、「高速で走るR300のカーブの怖さ」というのが頭の中に入っていたからだと思います。ただ漫然と「このカーブは急だな」と思って通り過ぎるだけでは、すぐに思い出すことはできなかったかもしれません。

私は常々、創造のために必要なのは、まず自分で体感することだということを述べていますが、その体感もさらに数字の裏付けがあると、より一層本人の頭の中にその出来事が強くインプットされ、なおかつ別の場面でも応用がきくものになるのではないかと考えています。

基準の大切さ

起こっている事象をはやく正確に理解するにも、**数量の裏付けのある体感を頭の中にインプット**しておくことが大切です。たとえば温度に関していえば、「水が凍るのが零度」「水が沸騰するのが一〇〇度」という知識は誰もが持っています。これだけではあまりに大雑把で不十分というなら、その中間のものを測る物差しとして、感覚的に知っているお風呂の温度を使うのもひとつの手です。お風呂の温度は、一般的に四二度ないし四三度くらいです。これを基準にすると、お風呂より熱いかぬるいかを見ることで対象の理解がより正確になります。

ちなみに、私がお風呂の温度を覚えた場所は、その昔に通っていた銭湯でした。銭湯というのはどこでもだいたい浴槽が二つあって、狭いほうが広いほうより湯温が高めになっています。このうちの熱いほうには、不思議なことにお年寄りが多く入っていました。そんな光景と一緒になって、メーターに表示されていた四三度というのが脳裏に焼き付いているので、「ちょっと熱めである」と感じるときは四三度程度とすぐに答えが出せます。

そうしたことを意識していない人がそのものに触れた場合は、「熱い」とか「冷たい」くらいにしか思えません。それがお風呂の温度を基準にして「お風呂より熱い」「お風呂より冷たい」という見方をした瞬間、「四二度よりも低い」とか「四二度よりも高い」というように、より正確な情報が得られるようになるからたいへん便利です。

この応用で、たとえば毎日温度計を見る習慣がある人なら、自分が「暑い」と感じたり、逆に「寒い」と感じる気温を物差しにすることもできるでしょう。もちろん、湿度によって感じ方はかなりちがってくるので、感覚だけを頼りにすると誤差があるかもしれませんが、それでも目安にはなるはずです。

そもそもこういう基準があるとないとでは、それだけで対象の理解の度合いに雲泥《うんでい》の差が生じます。この場合の基準というのは、それ自体がまさに理解のためのテンプレートそのものなのです。これをうまく加工して使えば、これまでわからなかったことがわかるようにもなります。

2 「わからない」けどつくりだす

社長の教え

基準を覚えておくこと、数量を体感とともに覚えておくこと、定量化しておくこと、それぞれ日頃から簡単にできることなので、是非やっておくとよいでしょう。

それでは、具体的な数量を訊かれてわからないとき、あなただったらどうしますか?

「あとで調べてから返事します」と答えますか？

私が日立製作所の新入社員だった頃の話です。先輩に連れられて、ある大手メーカーの社長さんとお会いする機会がありました。私はまだ日立に入社したばかりで、この先輩は「社会で活躍中の人に接することが今後の人生のなにか参考になるだろう」と特別に手配をしてくれたのです。

社長さんの立場で考えると、よその会社の新入社員のためにわざわざ貴重な時間を割《さ》いて話をするメリットは何もなかったと思います。それなのにこのときは、嫌な素振りも見せずにいろいろな「ためになる話」をしてくれました。人は、世代や場所、損得を越えて、次を担う人に自分の持つ知識を伝えようとします。社長さんのこのときの話は、自分の持つ知見を次の世代に伝えようという気持ちからなされたものだったのでしょう。

その社長さんと挨拶をしてからしばらく雑談をした後のことです。その社長さんが唐突に、「ところで君、今日うちの会社に入ってからこの部屋に来るのに階段を何段昇ったかわかりますか？」という質問を私に振ってきました。訊かれてから私は、頭の中でこんな計算をしていました。

そこは建物の三階だったので、昇ったのは一階から三階までのツーフロア分の階段です。ワンフロアの高さは、だいたい三メートルくらいに見えました。階段一段分の高さはよく見ていなかったものの、経験的に「二〇センチ程度だろう」と推測できました。これらの数字からワンフロア分の階段は約一五段と導くことができたので、それがツーフロア分で「だいたい三〇段くらいだと思います」と答えました。次にその理由を訊かれたので、私は自分の推測を答えました。

社長さんによると、当てずっぽうのように思える私の答えは、根拠に基づいて実際に近いものを導き出しているので「合格」だそうです。これがたとえば、考えるのを放棄して「わかりません」とだけ答えたり、根拠のないまったくデタラメな数字を答えると「不合格」になります。また、きちんと考えていても、ワンフロアの高さを五メートルとしたり、階段一段を三〇センチとするようなおかしな見方をしている場合は、やはり「不合格」となるようです。

さらに「後で調べて答えます」も「不合格」です。なぜならビジネスの現場では、その場で答えを出せないと、すべてがストップしてしまうことがよくあるからです。

後に種明かしをしてくれましたが、この質問は入社面接のときによくするもので、その意図は、相手がだいたいの数の大きさをつかんでいるかどうか、あるいは正確な答えを知らない場合、その場で必要な数量を自分でつくることができるかどうかを見るのが目的だということでした。この社長さんに言わせると、「だいたいの数の大きさをつかんでいなかったり、必要な数量を自分でつくれないような人は、技術者にもなれない、会社の経営もできない」とのことでした。

　昔からマンガや芝居でもよく取り上げられるような、「無人島にひとり置き去りにされたら」というシチュエーションで必要な能力も同じでしょう。何もない状態で生きていくためには、食料を確保し、火を起こしたり飲料水を用意しなければなりません。それと同時に、必要に迫られたとき、量的なもの、質的なもの、あるいは時間の経過をとらえる術《すべ》を用意することが求められます。

　私たちが住む現代社会には、これらがすべて用意されています。必要ならそれがどこにあるか探せばいいのですが、無人島ではそれができません。それでも生きていかなければならないのだから、なければないなりに自分でつくらなければいけません。そのとき自分の持っている知識を加工して、どのようにして必要なものをつくり出すかを考えるのが大事なのです。

　社長さんが言いたかったのは、それがまさに、仕事で必要な能力そのものだということです。そして、そのための能力を養えるかどうかは、日頃からそのような視点を持って意識して動いているかどうかで決まります。このことを先ほどの話を通じて私に伝えてくれたのです。

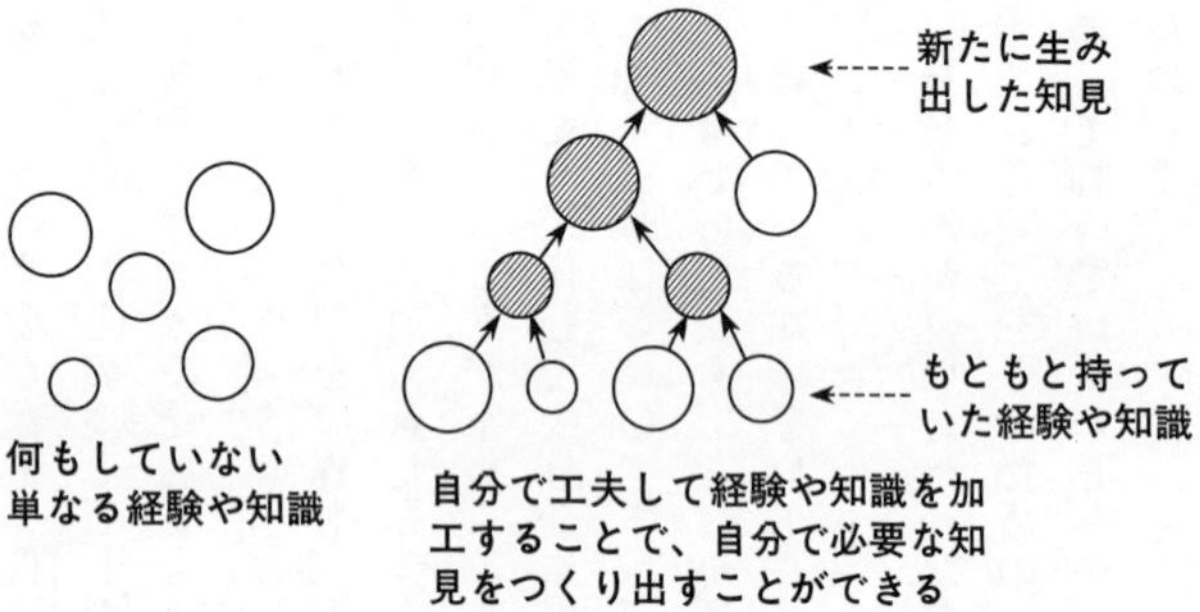

単なる経験や知識と新たに生み出す知見

最近は何かわからないことがあると、「インターネットで調べる」という人が多いようです。しかしネットに必要な情報がなかったらどうするのでしょう。また情報があっても、組み合わせないと使いものにならない場合もあります。そう考えると、「自分でつくり出す」ということがいかに大切かわかるのではないでしょうか。

東大生の強みとは

正確な答えを知らなくても、自分の持っている知識をフルに使えば、必要な答えに自分でたどり着くことができます。多くの知識や経験を持っていることはたしかに価値がありますが、それだけでは不十分です。逆に、知識の量が足りなくても、何を基にどう動けば必要なものをつくり出せるというロジックさえ持っていれば、いまある知識をフルに使うことで必要なものを必要なときに自分でつくり出すという対処ができます。

右に示した図は、そのことを描いたものです。いろんなことを体験したり学ぶことで自分の中に経験や知識を備えることは大事ですが、それ以上に大切なのは、**自分の得た経験や知識を使って自分自身で新しい知見をつくれるようになること**です。これは誰かに教わって覚えるようなものではありません。自分で考え挑戦して失敗するということを繰り返す中で自然に身につけていくものです。この過程を経ている人だけが、自分の中に取り入れた経験や知識を使って新しい知見を生み出し、そこからさらに上位概念に登って別の新しい知見を生み出すことができるのです。

自分が得た経験や知識をそのまま蓄えているだけでは、ただの「もの知り」に過ぎません。自分で考え、挑戦するということではじめて使えるものになるのです。

その際に必要なのは、「いざというときには必ず必要なものを自分でつくれる」という強い自信を持つことです。

私は定年を迎えるまで東大工学部の教授として教壇に立っていました。東大退官後は工学院大学で教授を務め、いまに至るまでたくさんの学生の指導に当たっています。

このようにふたつの大学の学生たちと直接触れ合っていると、まれに「東大生と工学院大生はどうちがうのか？」という質問を受けることがあります。受験の難易度がまったくちがうので、多くの人は「学力レベルは東大生のほうが圧倒的に上にちがいない。だから新しいものをつくり出す能力も大きくちがうのではないか」というイメージを持っているようです。しかし、実際に指導をしている印象で言うと、基本的な学力や理解力および創造力は、東大生も工学院大生もちがいがないような気がします。

それでも傾向のちがいのようなものは、感じられます。たとえば、東大生のほうは、おしなべてアクが強いという印象があります。そう感じるのは、自分流に考えて深く理解しようとする人がたくさんいるからです。これに対して、工学院大生は全体的に素直で、こちらが教えたことをそのまま言われた通りに頭の中に入れようとする傾向があります。

このちがいはおそらく、入学試験の難易度の差からくるものなのでしょう。最難関とされている試験を突破しただけあって、はじめて見る事象を前に「自分は必ず理解できるはず」という強い自信を持って臨めるのが東大生の強みです。これに対して工学院大生のほうは、同じシチュエーションでは「自分には理解できないかもしれない」というある種の不安を抱えている人がいるような印象があります。

しかし、まったく新しいものを自分の力で生み出していくという創造の能力については、東大のときには「機械創造学」を工学院大学では「創造工学」を教えていますが、これらの授業をとる学生はいずれもとても熱心で、どちらの大学の学生も同じで差がないように感じています。

3　自分でテンプレートをつくる

仮説立証

前章でテンプレートを自分でつくりだすことの大切さについて説明しましたが、ここでは自分の頭の中で新しいテンプレートをつくって、さらにそれを自在に使う方法について説明しましょう。

ある問題を前にしたとき、解決のプロセスを考えてみると、最初はその問題の全体構造を把握することから始めます。そして、部分部分がどんな要素から成り立っているかを見て、そこで過去に自分が経験して知っている定理や公式、解法が使えるかどうかを考えます。このようにして、最終的に問題と自分で組み立てたテンプレートのマッチングを行うのです。

この思考プロセスでいうと、「Aという問題はa～gという要素があり、その要素をこのように組み合わせると正解ではないか」というところまでは論理的に考えていきます。

しかし、最後の部分は、「実際に当てはめてみて合っているからこれでいいんだ」というやり方をしています。これを「**仮説立証**」と言いますが、これがマッチング作業の基本です。

仮説立証というのは、文字どおり、「この状況ではこういう考え方が使えるのではないか」という仮説を立てて、それを立証すべく実際に当てはめて試してみることを言います。論理だけでなく実践を伴うので、自分が良いと考えたものがそのシチュエーションで使えるか使えないかがはっきりわかるのが特徴です。

このような試行錯誤を繰り返すことこそが、創造的な仕事をするための第一歩です。このような思考プロセスは、たんに多くの解法を暗記しているだけではダメなことがわかります。たくさんの解法パターンを覚えることで、頭の中の引き出しは充実するかもしれません。大切なのは新しい問題に出会ったときに、引き出しの中にあるものをどのように組み合わせて解決すればよいのか、さらにその組み合わせでよいのかを、試行錯誤を通じて解決していくことです。

試行錯誤の訓練を繰り返すうちに、正しい解法を選択するスピードもどんどん速くなります。それは思考のショートカットができるようになるからです。はじめて出会った問題の場合は、どんなパターンが合うかがまったくわからないので選択するのにどうしても時間がかかりますが、訓練を自発的に続けているうちに頭の中で思考経路が構築されて、最初の速さの何十倍ものスピードで判断ができるようになるのです。

真の理解とは

自分の力でテンプレートをつくる訓練を続けていると、今度はテンプレートを自在に使い、創造につなげることもできるようになります。

こうした人の頭の中では、事象をきちんと分析できる能力も養われているはずです。そのことを私は、「**真の科学的理解への到達**」と言っています。

ここでいう真の科学的理解とは、方程式が解けるとか法則をたくさん覚えているということではありません。**要素の摘出と構造化を通じてある事象の因果関係をきちんと理解しているということです**。これができている人の頭の中には、その事象に対するモデルがきちんとできあがっています。

真の科学的理解ができている人は、条件が変化したときでも、その変化が全体としてどのような影響があるかを予測できます。また、条件の変化により新しく出てきた問題点を浮き彫りにして、これに対処する方法を自ら考えることもできるのです。

たとえば、会社のシステムの中である問題が起こったとします。多くの場合、こうしたときには、現に問題が生じている部分だけを見て、対症療法的な解決策を講じることになります。実際、よく起こる問題には必ずマニュアルが用意されており、そのマニュアルに従って策が講じられます。ここでいうマニュアルは、ちょうど学校の勉強で教わる公式のようなものだと考えればいいでしょう。

この問題が、本当にほかに影響を与えない限定した問題だとしたら、マニュアルという公式に従って対症療法的に動くだけでも解決できます。ところが、仮にそのシステム全体に影響を与えるような問題だったとすると、目の前の問題に対症療法的にあたっただけでは、目の前の問題は解決したとしても、副次的に起こっている問題を見過ごすことで、全体として大問題となることが多いのです。

つまり必要なのは、そのシステムの全体像をきちんと考えたうえで、現に起こっている問題と関連してどこで何が起こっているかをきちんと把握することです。

つまり、大きな問題点のあぶり出しは、このように全体の構造を見て、その中でどういうメカニズムで問題が発生しているかをきちんと把握している、真の科学的理解に到達している状態でなければできないのです。

法則を自分で見つける

数学や物理の法則に限らず、一見バラバラに動いているように見える社会も、じつはその多くがある程度の法則性をもって動いています。

失敗学では、「一件の重大事故の陰には約三〇〇件のヒヤリ・ハットがある」「産業の盛衰や大きな事故は三〇年周期で起こる」などという失敗の持つ法則性について触れていますが、後者は私が、起きている事象をじっくりと観察する中で気づいた法則です。

私自身、法則を見つけることの面白さに目覚めたのは、小学六年生くらいのことです。算数が大好きで夢中になって勉強していたのを見た父が、「そんなに好きならこれをやってごらん」と問題を出してくれたことがありました。それはいわゆる「俵算」と呼ばれているものでした。

父が示した問題には、次ページの図にあるように俵が積み重なっている絵が描かれていました。一番下が一〇個だとすると、二段目が九個、三段目が八個というように上の段にいくごとに俵はひとつずつ減っていきます。そして、ここにある俵は全部でいくつあるかというのが問題の趣旨でした。

この問題はもちろん、一番上か一番下の段から俵を順番に数えていけば、「1＋2＋3＋4＋5＋6＋7＋8＋9＋10」か「10＋9＋8＋7＋6＋5＋4＋3＋2＋1」で、イコール「55」という答えを簡単に導くことができます。しかし、このやり方では時間も

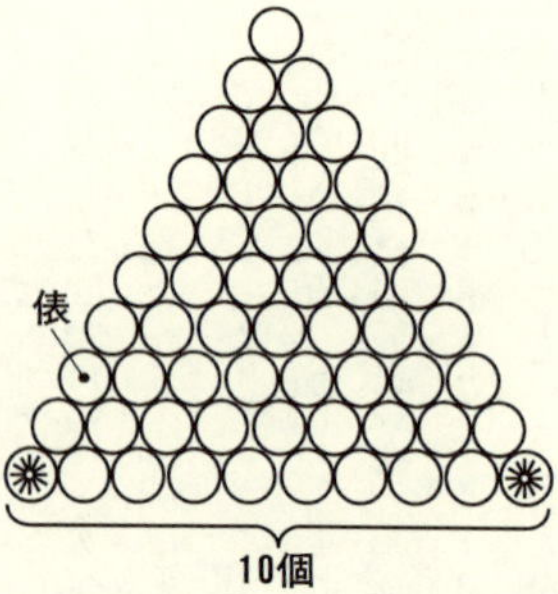

問題：俵は全部で何個あるか

俵算

手間もかかるので、もっと簡単にできるやり方がないか考えてみたのです。

父が描いた絵をじっと見ているうちに、ふとこんな考えが浮かびました。それは積み重なっている俵の横に、これをちょうど逆さまにしたものをもうひとつ置けば、一番下の段はもともと一〇個あるので、すべての段が一一個になるということです。全部で段は一〇段ですから「11個×10段」で「110」となり、あとでつけ加えた俵の山の分を除くためにこれを2で割ると、「55」という答えが導き出せたのです。

当時、私はまだ学校の授業で俵算の考え方や解き方を教わっていませんでした。私自身、そのようなものがあることさえも知りませんでした。それなのに問題を見ながら考えているうちに、勝手に公式をつくり出して自分なりのやり方で問題を解いたので、父も驚いていました。おそらくこの問題ができたのは、当時から物事の規則性を見るのが好きな子どもだったからでしょう。

もちろん、先ほども述べたとおりで、こうした公式を使わなくても俵の数をひとつずつ

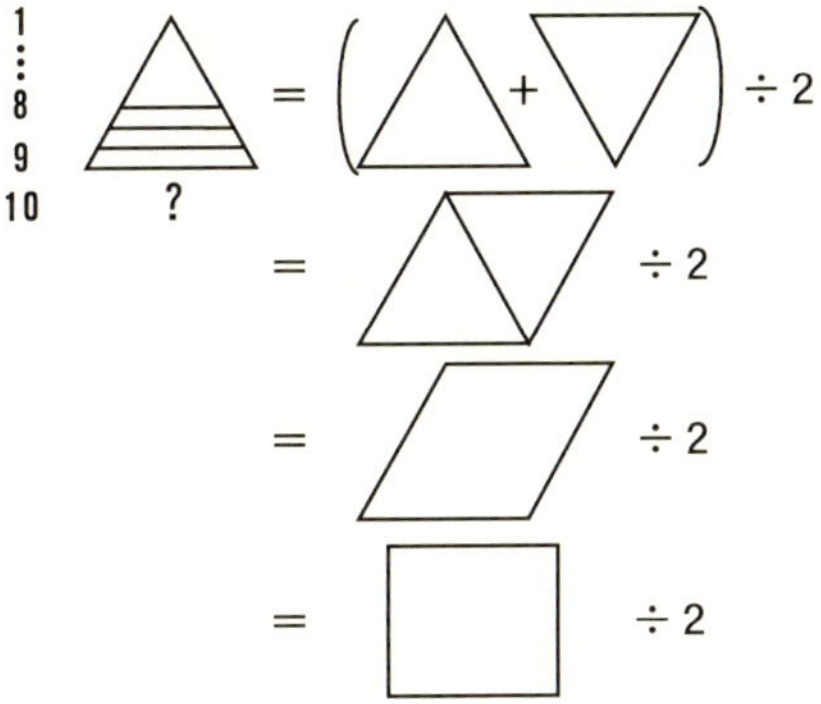

こう考えると $1+\cdots+n=\frac{1}{2}(n+1)\times n$

数がいくら増えても大丈夫！

俵算の解法

愚直に数えれば正しい答えを導くことができます。実際、世の中には、時間がかかるけれど必ず正しい答えを導くことができるこういう道を選ぶ人もたくさんいます。そうかと思えば、誰かに公式を教わって、難しい問題でも要領よく素早く解いてしまう人もいます。こういう人に言わせると、いちいち考えるのは面倒なので、「おいしいところだけを覚えれば十分」ということになるでしょう。

このどちらのやり方も、別に悪いことではないと思います。本人が望むなら、どちらかのやり方でいくのもいいかもしれません。ただしその場合は、自分で法則を見つけることはできないでしょう。

法則を見つけるのは、「わかる」仕組

み と同じで、さまざまな事象をじっくり観察し、要素がどうなっているのか、要素同士がどのようにつながっているのか、共通点や違う点を見つけることから始める必要があるのです。

是非、自分なりの法則を楽しみながら見つけてみてください。

課題を設定する

この章では、「わかる」頭をつくるためには、暗記をしたり数の感覚を身につけたりして基礎知識を蓄えることも有効だという話をしました。また一方で暗記だけでは限界があり、もっと大切なのは、自分自身で理解のためのテンプレートをつくっていくことだという話もしました。

この章の最後で私は「課題設定を自分ですること」についてお話ししておきたいと思います。

第1章の最後でも触れたので繰り返しになりますが、現代社会で必要とされているのは、自分で課題設定ができる人です。なぜなら企画を立てるにも、製品をつくるにも、何か新しい問題が発生したときにも、まず最初にすべきことは、「自分が解決すべき課題はどういったことか」と自分で問いを立てることだからです。

「誰かが課題を与えてくれさえすれば自分はそれを解決することができる」という言い方をする人はたくさんいます。かつて私が接してきたたくさんの東大生も同じで、これはとくに世間から「あの人は優秀である」と評価されている人に多い傾向のようです。

ここまで読んできた読者にはすでにおわかりのように、こうした人は頭の中にいっぱい知識・解法パターンを詰め込んでいる人に多いようです。解法パターンに合う課題を与えると、じつに素晴らしい仕事をします。ところが自分の持っている解法パターンにはない新しいことになると、とたんに力を発揮できなくなるのが、こうしたタイプの特徴です。

このように、自分で立案をしない、課題を設定しないというのは、じつはリスクの伴う賭《か》けを一切しないし、責任ある行動を放棄するというのとほぼ同義です。これでは自分の力で新しいものを生み出すこともできません。

課題設定はたとえば次ページの図のようなパターンがあります。いま具体的な問題がひとつ自分の目の前で発生したとします（斜線の丸）。すぐにその具体的な問題を解決すべき課題として設定し、それを解決したらそれでこと足れりとする人もいるし、実際そういう場合もあります。しかし多くの場合、根本的な解決をする場合は、いま目の前にある問題と同じような種類、同じような脈絡、同じような性質を持っている問題は、全部一体で解決すべき課題であると考えます。するとそうした問題を共通項で括り上位概念に登りま

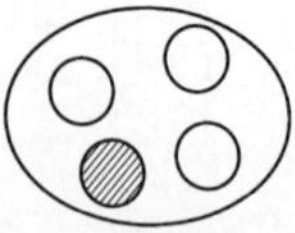

B図
A図を上から見た図
（斜線の具体的問題と共通点のある問題を一括りにしたもの）

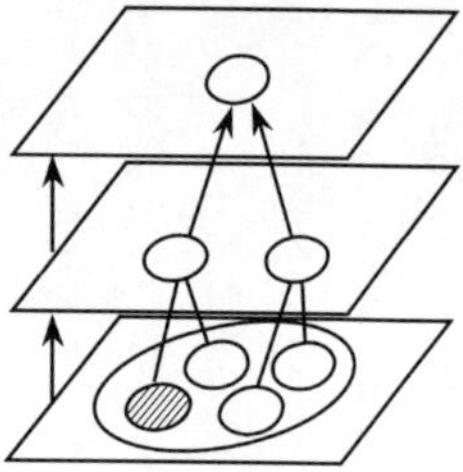

A図

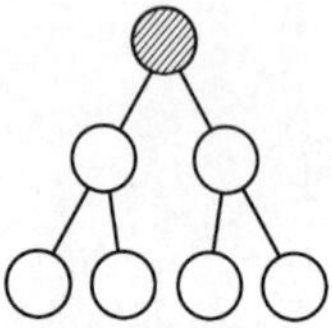

C図
具体的問題を分析して構造化し、逆樹木構造であらわしたもの

課題を見つける

す。その上位概念の問題をさらに共通点で括り上に登ると、ひとつの大きな問題に行き着きます。すると、この大きな問題を課題として解決すれば、自分の目の前にある問題だけではなく、共通点をもった問題もすべて解決できることになります。

ですからこの場合、あなたが課題設定でいちばんに目指すべきは、目の前の問題をすぐに課題にすることではなく、上位にある大きな問題を課題だと設定することです。

ただし実際にはそのとき置

かれた状況（解決までの与えられた時間的余裕、社会的・組織的要請等々）によって、どれを解決すべき課題として設定するかは変わってきます。

たとえば、会社など組織に属している場合、その人の立場によって、自分の設定する課題が現実的かどうか決まってくるでしょう。もしあなたがまだペーペーの社員で、いちばん上位にある問題が組織の大きな改編を伴うものであれば、その問題を課題として設定するのは、さすがに非現実的です。そうした場合は、本当は大きな課題があると知りつつ、自分に解決できる課題を設定すべきでしょう。実際によく、トップになってからすぐに大胆な改革を始めて周囲に驚かれる人がいますが、こうした人は、組織の下にいるときから、課題設定の訓練をして、自分がトップになったらこうやって解決しようと考えている人なのです。

またC図のように、目の前にひとつの具体的問題があり、その問題を分析すると、いくつもの課題要素がつながって構造をつくっている場合があります。そうした場合、いくつかある課題のうち、自分がまず解決すべきなのはどの課題なのかを決めるというのも、課題設定のひとつです。

共通点を見て、上位の概念に登っていく場合も、問題を分析してどんな要素と構造をしているかを見る場合も、まず大事なのは、具体的な問題があった場合、その問題がどんな構造をしているのか自分で分析してみて、そのうえで、自分の課題を決めることなのです。

是非、常日頃から、いまやっている仕事の課題は何かということを自分で意識しながら設定する訓練を始めてみてください。課題設定を意識して行うことで、自分がいまやっている仕事の構造も見えてくるはずです。すると、自分が何についてわかっていて、逆にどのようなことについてわかっていないかも知ることができるでしょう。真の理解と創造もそこから始まるのです。

第3章　「わかる」の積極的活用

1 「面白い話」をする人は何がどうちがうのか

話し上手とは

この章では、わかったことをさらに深めて自分の知見としていくための具体的方法について明らかにしてみたいと思います。

自分が本当に、ある事象についてきちんと理解しているのかどうかは、人に伝えるとき、よくわかります。自分が理解していると思っていることでも、人に伝えることで、その理解が表面的なものであることがわかったり、一方では相手の反応により、自分が思いもかけなかったさらに深い理解に達することもあります。

自分が理解したことを人にわかりやすく伝えるというのは、想像している以上に難しいことです。私は大学の授業や企業研修、さまざまな講演を通じて、そのことを実感させられる機会がよくあります。これまでいろいろなタイプの人を相手に話してきましたので、それなりに「誰に対してもある程度わかりやすい説明ができる」つもりですが、それでも現実には、なかなかうまく伝わらないこともあるのです。

多くの場合、こういう問題は、話を聞いている側にその事柄を理解するためのテンプレートがないことが原因で起こります。専門家向けの話を小学生相手にしても意味がないのと同じことで、まったくテンプレートや理解のとっかかりになる種もない相手に向かって話しても、意味はありません。

とはいえ、聞き手も理解のためのとっかかりになる種くらい頭の中に備えていることが多いので、「授業はなぜわかりにくいのか」で説明したように、伝える側が「わからないほうが悪い」と、いつもテンプレートがないほうが悪いと言っているようでは講師失格です。

講演や講義でなくても、同じ話を同じように伝えているのに、話し手によって印象や理解の度合いがちがうことも現実にはよくあります。まったく同じテーマの話なのに、話し手によって面白く感じたりつまらなく感じることもあるでしょう。この差は、いったい何が原因で生じるものなのでしょうか。

先日、大学の後輩のAさんから持ちかけられた相談の中身が、まさしくこの「わかりやすく伝達する方法」に関するものでした。大学で講義を行っている彼は、「学生たちが自分の話を面白そうに聞いてくれない」と悩んでいたのです。この人はたいへんな努力家で、「講義が面白い」と評判の師匠のB先生のやり方などもよく研究しているようです。そこで学んだことや感じたことを取り入れていろいろ試しているのですが、何をしても結果があまり出ないので行き詰まりを感じていたようでした。

不思議なことに、B先生が講義をするときには、学生たちは一様に楽しそうで感銘を受

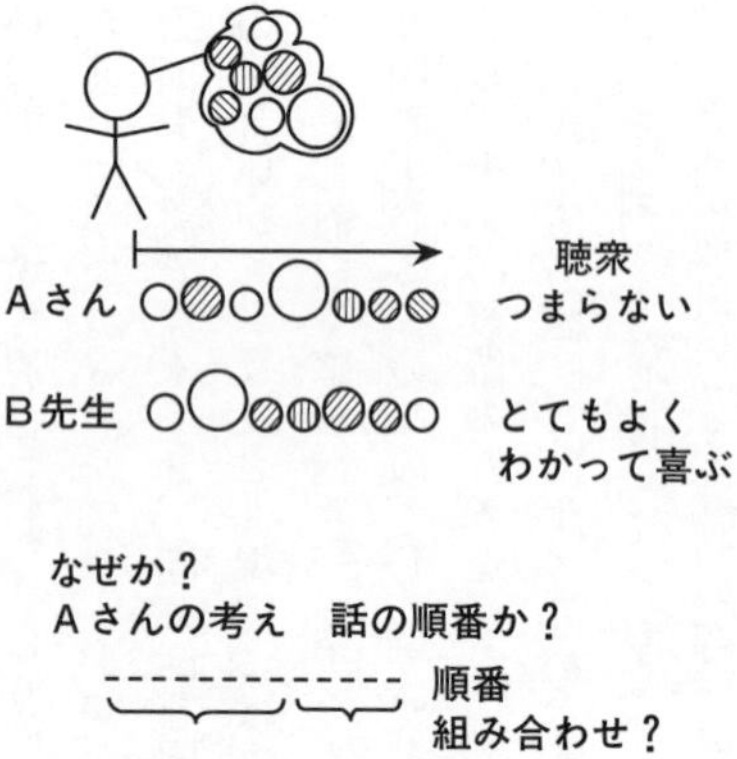

楽しい話のできる人はどこがちがうか1
—Aさんの考えたこと—

けて喜んでいるそうです。ところが、B先生と同じ話を彼がしても、学生たちはあまり理解できずにどこかつまらなそうな態度を見せているというのです。

私はこの話を聞いて、たいへん興味深いと思いました。それは話の面白さや相手の理解というのが、種や構成のような単純なものだけで決まるものではないことがよくわかったからです。

同じ話なのになぜ差が出るのか

上の絵は、AさんとB先生の話の差を描いたものです。Aさんによると、「講義に使っている話の種はまったく同じ」ということなので、そのことを前提にしています。

同じ種を使って話をしているのに、それぞれが話をするとき、学生たちは異なる反応を示します。この差が何によって生じるかをAさんなりに検討したところ、まずは「種の並べ方のちがいにあるのではないか」という疑問にぶつかったそうです。

図の大小の円を並べた絵は、そのことを描いたものです。同じ種を使った話でも、たしかに並べ方を変えればこんなふうにちがったものに見えます。自分の話に聴衆が興味を持てない原因は、話の組み立て方が起承転結のようにわかりやすい順番、あるいは組み合わせの形になっていないことにあるのかもしれないと彼は考えました。そのように考えると、学生たちの反応に極端な差があることも頷《うなず》けるからです。

しかし、これが真の原因でないことはすぐにわかったそうです。Aさん自身、これまでのやり方を反省し、試しにB先生の話の組み立て方をそのまま真似てみましたが、聴衆の反応が大きく変わることはなかったそうです。つまり、B先生と同じ種を使って同じ組み立て方で話をしても聴衆の反応はあまり変わらなかったので、両者の差はこれが原因で生じたものではないという結論に至ったようです。

そこでAさんは、今度は話し手の持っている「経験の裏付けが説得力になっているのではないか」と考えるようになりました。B先生は人生経験が豊富で、学生たちに話すことの中身もすべて自分自身で経験しています。そのことは当然、B先生自身のその事柄に対する深い理解にもつながっています。B先生の話にはそれがにじみ出ているので、聴衆はこれを感じ取って、興味深く思ったり、面白さを感じているのではないかと推測したようです。

とはいえ、経験という意味では、Aさんも決して負けてはいません。「B先生に負けないくらいのことを経験している」という自負もあります。もしも聴衆にそれを感じ取る力があれば、自分の経験の裏付けもまた同じように説得力になるはずです。それなのに学生たちが自分の話だけ面白く感じられなかったり興味を示せないでいるということは、経験の裏付けによってふたりの差が生じているのではないと考えるのが自然だと彼は思ったようです。

このようにしてAさんなりにいろいろ分析してみたものの、結局のところ、両者の差が何によって生じているのか自分ではよくわからなかったのです。とはいえ、原因を突きとめないことには対策の打ちようがないので困ります。私のところに相談にきたのは、藁《わら》にもすがる思いからだったようです。

話が立体的かどうか

私はAさんの分析を聞いて、種の並べ方や組み合わせに注目したのは正しいことだと思

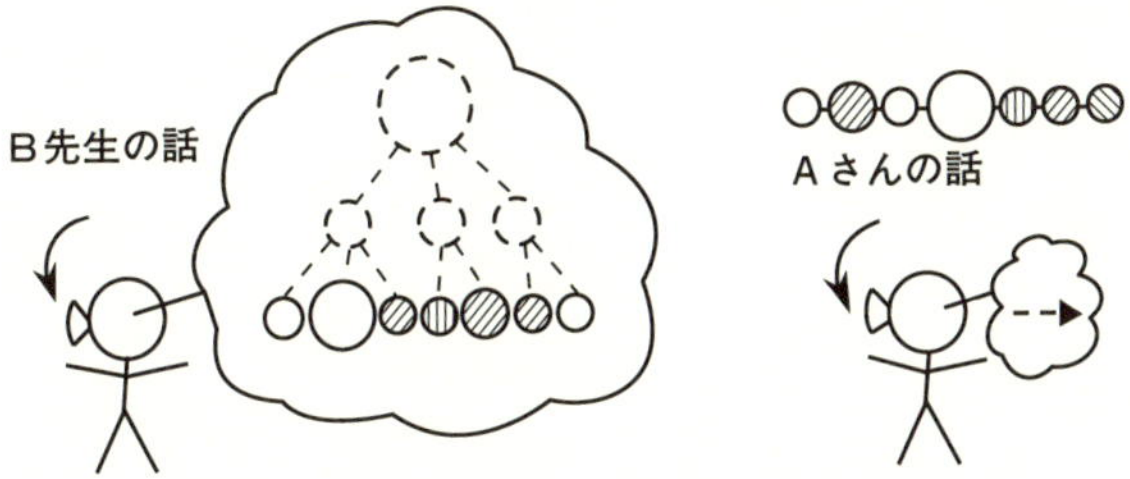

楽しい話のできる人はどこがちがうか2
—話が立体的かどうか—

いました。しかし、目のつけどころはよくても、その見方ではまだ足りないと感じました。

Ａさんは「Ｂ先生とまったく同じ話をしている」と考えていたようですが、実際には「Ｂ先生の種の並べ方を模倣したつもりになっていた」にすぎないのです。このとき彼が見ていたのは、いわば種の並べ方の平面的な部分だけです。これを立体的にとらえる視点が明らかに欠落していたので、現実にはＢ先生の話の真似にはなっていなかったということです。

おそらくいまの話は、言葉で説明するだけではわかりにくいと思います。そこでこの解説を補完するために上の絵を描きました。ここに描いた人物は、ＡさんやＢ先生の講義を聴いている学生で、私なりに分析した、それぞれの話を聴いたときの受け取り方のちがいを表しています。

右側の絵に描いているのは、Aさんの話を聴いたときの学生の反応です。彼の講義の特徴をひと言で言うと、多くの種をただ平面的に並べています。この話を聴いた人たちは、やはりこれをそのまま「話の種を平面的に羅列したもの」として受け止めています。Aさんの話から種同士がどんなふうに関連しているかが見えてこないし、順番に示されている以上の深みを感じることもないので、彼の話を聴いた人は「よくわからないし、面白くない」と思うことになります。

一方のB先生の話も一見すると同じもののように見えますが、立体的になっている点がAさんの話とは決定的にちがいます。「単なる羅列」に見えて、じつは種同士のリンクが意識されているのです。そのことは直接言葉では語られていませんが、聞き手はあるひとつの種の話を聴くと別の種との関連がすぐに感じ取れるという具合に、その事柄を立体的につかむことができるのです。

しかも、B先生の話は種同士のリンクだけでなく、そこからさらに上位にある概念まで意識されています。上位概念については第1章で前述しましたが、他の分野でも共通して使える知見で、応用のきく共通する知恵のようなものであるとイメージするとわかりやすいと思います。B先生の話を聴いた学生は個別の種から上位概念まで登っていけるので、話の内容をたいへん深く豊かで立体的なものとして受け止めることができます。したがって、「よくわかるし、深みがあって面白い」と思うようになるのです。

つまり、同じ種を使って話していても、AさんとB先生とでは意識しているものがちがうので、聴衆である学生たちが感じるものも異なるのです。一方が種をただ順番に並べて伝達しているだけであるのに対して、もう一方は種同士の関連を意識して語っているのですから、受け取り方に差が生じるのは当然でしょう。

それぞれの種がどのように結びついているかがわかれば、その事柄を見るときの視野は確実に広がります。そこからさらに上位の概念の世界にも登ることができるので、聞き手は深く豊かで大きな世界をイメージできるということなのです。

相手が何を欲しているかを見る

もちろん、どうすれば面白い話になるかというのは、Aさんもいろいろと考えているとは思います。しかし、種の選択や並べ方に工夫を凝らすだけではまだまだ足りないのです。

授業のところでも説明しましたが、聞き手は理解のためのテンプレートそのものは持っていなくても、理解の手がかりになる種は持っていることが多いのです。

話し上手と言われる人たちの話を聴いていて思うのは、彼らは聴衆の反応で、どんな話をすれば聴衆が理解できるかを探りながら、みんなが欲している知識なり知見を、欲している形で示しているということです。B先生の話も、聴衆である学生たちの評判がいいということは、B先生の講義が学生たちが求めている内容であり形であることはまちがいないでしょう。

私もさまざまなタイプの異なった人々を前に話をする機会が多いのですが、「集まった人にわかりやすく面白い話をする」ということはいつも心がけています。お互いに貴重な時間を費やしているのだから、私の話を聴く人にはそこでひとつでも多くのことを学んでもらいたいからです。そのために聞き手に応じて「今日はどんな話をしようか」とか、実際の反応を見ながら「こうした話をすると、面白いと感じてくれるんじゃないかな」と、その日の話を進めるように努めています。

おそらくAさんとB先生の差もこうした意識の差から出てきているのではないでしょうか。

聞き上手の理由

結局、面白い話をする人は、話を通じて聞き手のテンプレートを豊かなものにしてゆける人なのです。

こうした話がうまい人の一方で、聞き上手と呼ばれる人がいます。聞き上手の人のもとにはみんなが話したがってやってきます。

聞き上手の人は、一見相手の話にただ相槌《あいづち》を打っているかに見えますが、じつは話し手が頭の中でゴチャゴチャになっている事柄を話すのに対し、相槌を打ちながら「それは何のことなの?」といった簡単な質問や「それは面白い!」「それはこう考えてみたら」という具合に簡単なサジェスチョンを与えることで、話し手をうまくエスコートして、ゴチャゴチャの話をうまく構造化してテンプレートをつくる手伝いをしているのです。

よく聞き上手の人に話すと、「すっきりした」とか「自分の言っていることがわかってもらえた」という感想を漏らす人が多いのですが、実際は聞いてもらうことで、ゴチャゴチャだった頭の中にテンプレートができたから、こうした感想を持つのです。つまり「わかってもらえた」というより「自分の話していることが自分でわかるようになった」からすっきりしたのです。

送り手を超える受け手

Aさんと B先生の話のちがいは、相手の欲していることや理解というものをどれだけ真剣に考えているかによって生じているといえます。しかしながら、それが「面白い話」になるかどうかは、話し手の側から考えるだけでなく、聞き手の側の問題も考える必要があります。

大多数の聞き手の反応を見るかぎりは、Aさんの話に比べるとB先生の話は深く豊かで面白いことは疑いの余地はありません。だからといって、全員が全員、同じようにB先生の話を「面白い話」と感じるとはかぎらないのです。話し手がいくら立体的な話をしたところで、これを理解するだけの経験がない人がこれを聴いた場合は、背景にある深いものまでイメージできないという意味です。

その反対に、聞き手が深い体験を持っていると、話し手が想定していた以上に深く豊かなものが伝わることもあります。以前、私は『失敗学のすすめ』（講談社）という本を出しました。この本は、世間で否定的にとらえられている失敗について、マイナス面だけでなくプラス面から見た考えを私なりにまとめたものです。本を出した直後、ある大企業の経営者からこんなことを言われたことがあります。この人の理解は、私が考えていたことをはるかに超えていました。

「これは論理学演習そのものだ。ここには事実を見るときに必要な手法がすべて書かれている。この本を読んで論理とはどういうものかを考えてそれを自分で演習することが本当の勉強だし、最も大事なことだと自分は思った」

私が失敗について深く考えるようになったのは、前例のないまったく新しいものをつくるには何をどう考えてどうすればいいかを検討したのがきっかけです。つまり、ゼロの状態からまったく新しいものをつくるにはどうすればいいかを考えているうちに、その過程で「創造のためには失敗の扱いが大切である」ということに気づいたのです。じつは本の中では、そのことには触れていません。それが創造の話を通り越して、「事実を見るときに必要な手法がすべて書かれている」という感想ですから、この深読みには書いたこちらがびっくりしました。

たとえば話をしていて、自分はそこまで意識していなかったのに、相手の反応によってさらに自分の考えも深まっていくという経験をしたことはありませんか。

面白い話というのは、聞き手次第で豊かな方向に深読みされていくものです。それはシナリオやプロジェクト、事業計画、プライベートでの会話も含めて通じることではないでしょうか。このときの話し手と聞き手の関係は、料理人とよきお客の関係に似ている気がします。腕のいい料理人は、同じ素材を使っても、相手に合わせて最高の料理をつくります。面白い話ができる人もまた、相手に合わせて素晴らしい話をします。しかし料理が最高でもお客が味音痴だと豊かな食事にはならないのと同じように、まったく理解できない人がその話を聴いても、あまり実りあるものになりません。

逆に味のよくわかるお客が料理人のつくった最高の味を味わうからこそ、お互いに豊かな世界が共有できるというものではないでしょうか。

2 絵を描くことの意味

絵と文章の補完性

本書でもそうですが、私は以前から、自分の考えを人に伝えるとき、意識して文章だけでなく、図を描くことにしています。

図や絵を使うメリットは、一度に伝達できる情報量が圧倒的に多い点にあります。ある事柄について言葉で伝える場合、より詳しく伝えたいならそれだけ文章量や話す時間が増えてしまいます。しかし、図や絵の場合は、同じ空間、同じ時間を使ってより多くのものを伝えることができるのです。

とはいえ、私がここで言いたいのは、言葉による説明に比べて図や絵が伝達方法として優れているということではありません。たしかに言葉による情報伝達には具体性において漏れが多いという欠点がありますが、**事実を事実として説明するには、やはり文章として**

表したものが持つ一般性は頼りになります。これに絵の持っている具体性が加われば、まさに鬼に金棒でしょう。つまり、**わかりやすく伝達することを考えると、どちらか一方に限定するのではなく、互いに補完し合うような形で使うのが理想**だと考えています。

メーカーのC社の工場を見学したときのことです。工場内の壁にたいへん興味深いものを発見しました。それは文章と絵の両方で注意点が書かれているA4の大きさの作業指示書です（次ページ図）。以前は作業指示書というと、文章だけのものがほとんどでした。デジカメ（デジタルカメラ）の普及で、最近でこそ写真付きのものが急速に増えていますが、それでもC社のように絵を使っているのは少数派に属するでしょう。

この作業指示書には、絵を示したうえで、「ここの角のヨゴレに注意」とか「この面に触るな」「この番号を確かめろ」「この部品は○○と似ているが色が違う」などといったことが書かれていました。作業指示、注意点が、すべてビジュアルの情報を交えて丁寧に書かれているのです。

C社では、作業指示書だけでなく、教育シートでもこうした文字と絵を併記する方法を使っていました。それらを見たときに私は、「この会社は、文字情報と絵を同時に使うことで相手の理解が進むということをきちんと理解している」と思いました。

もちろん、「文字情報だけ」あるいは「絵だけ」を示したとしても、それなりのことは

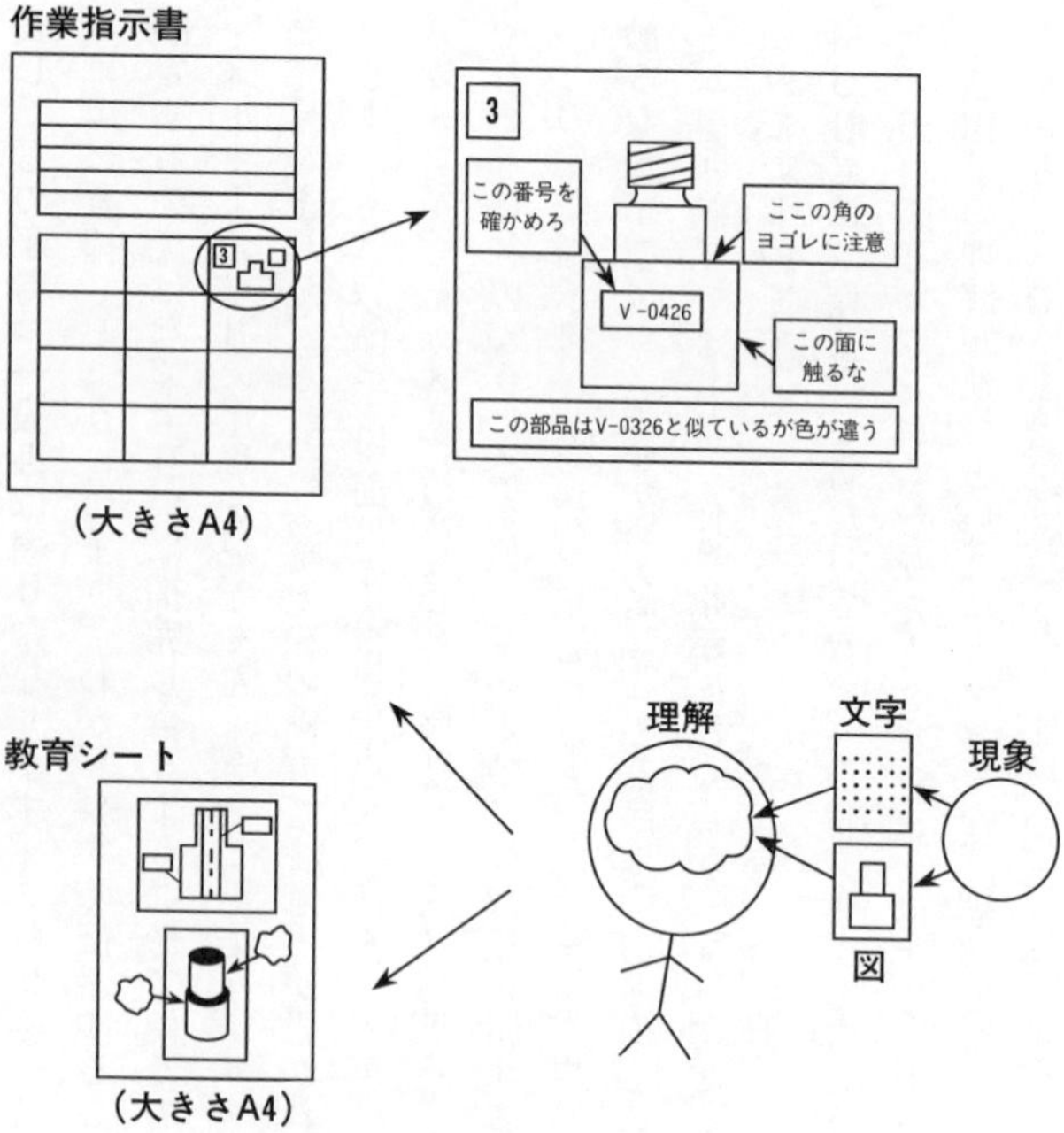

文字と図の組み合わせの妙（効果性）
—視認性、脳科学利用のミス防止法—

相手に伝わります。しかし、両者を合わせたときの相乗効果は、その比ではありません。それこそ「1＋1」が「2」どころか「5」にも「10」にもなるのがこの組み合わせの力なのです。

C社がこのように文字情報と絵を併記する方法を使うようになったのは、知識を正しく伝えるべく工夫を凝らしてきた現場の人たちが生み出したアイデアではないかと私は考えました。しかし、この見方は、ものの見事にまちがっていたことがすぐにわかりました。この工場見学の直後、まったく別の場所でたまたまC社の元社長だった方と会う機会がありました。そこで自分なりの見方を話したところ、「じつはこれは、もともと日本でつくられたものではないのです」という指摘を受けたのです。

元社長さんが言うには、文字情報と絵を併記する伝達方法のルーツは海外にあるそうです。C社が南米で現地生産を始めたとき、当初は日本の工場のやり方をそのまま踏襲していたそうです。しかし、同じ方法でやってみても、日本と同じような質の高い製品をつくることができません。同社が「わかりやすい伝達法」を模索するようになったのは、まさしくここが原点だったそうです。

南米で当初、日本と同じような質の高い製品をつくることができなかった原因は、いわゆる識字率のちがいにありました。日本では「文字は読めるのが当たり前」ですが、南米のその国には文字が読めない人がたくさんいたのです。その人たちに文字情報だけが書いてある作業指示書を示したところで、相手は中身を正確に知ることができません。そこでやむを得ず、伝えたいことを絵によって表現することを始めたといいます。

はじめは苦肉の策として行われたこの方法でしたが、そのうち意外な効果があることがわかりました。それは、的確な絵を示してそこにさらに文字情報を加えると、伝えたいことが正確かつ瞬時に伝わるということです。「1＋1」が「2」ではなく「5」にも「10」にもなるというのはこのことです。このことに着目して、C社では九〇年代前半から、南米だけでなく日本の工場も含めて全社的に、文字と図を併用した作業指示書を使うようになったということです。

わかりやすい絵を描くとはどういうことか

言葉による情報と絵による情報は、時間や空間の壁を超えて伝達する手段として、古くから使われてきました。

これらはいわば、私たちの文化の中に深く根づいているものなのです。C社のやり方は、このふたつをうまく組み合わせているからこそ、正確に伝えられるのです。

とはいえ、ここで注意しなければいけないのは、言葉や絵にすればそれだけで何でも相手に正確に伝わるということではないということです。ただ何でも言葉と絵にすればよいというものではありません。ここで大切なのは、そこで起こっていることを理解して、ポイントを整理して表出する**「定式化」**の作業です。そのために言葉と絵をフルに使うのです。

最近はデジカメが広く普及している お蔭で、ある事柄を伝えるとき、それをそのまま写真に撮って相手に見せるというやり方が誰でも簡単にできるようになりました。実物をそのまま見せるこのやり方は、情報の漏れが少ないという点では評価できるのかもしれません。しかし、そのこととわかりやすさとは、じつはまったく別問題であることを忘れてはなりません。

仮に事実をそのまま伝えることが正しいやり方だとすると、絵を描く場合でも写真を撮ったときのようにそのものを忠実に再現すればいいことになります。ところが、実際にそうした絵を見せても、相手に伝えたいことは正確に伝わりません。相手が、情報の発信者が最も伝えたいものを勝手に汲み取ってくれるようなことはほとんどないのです。

私がいつも絵を描くときにいちばん心がけるのは、伝えたい内容をどうやって強調するかということです。その例として、ここでは株式会社ＪＣＯ（民間ウラン加工施設）の臨界事故の現場を見学したときに描いた絵を紹介することにします。ご存じのとおり、一九九

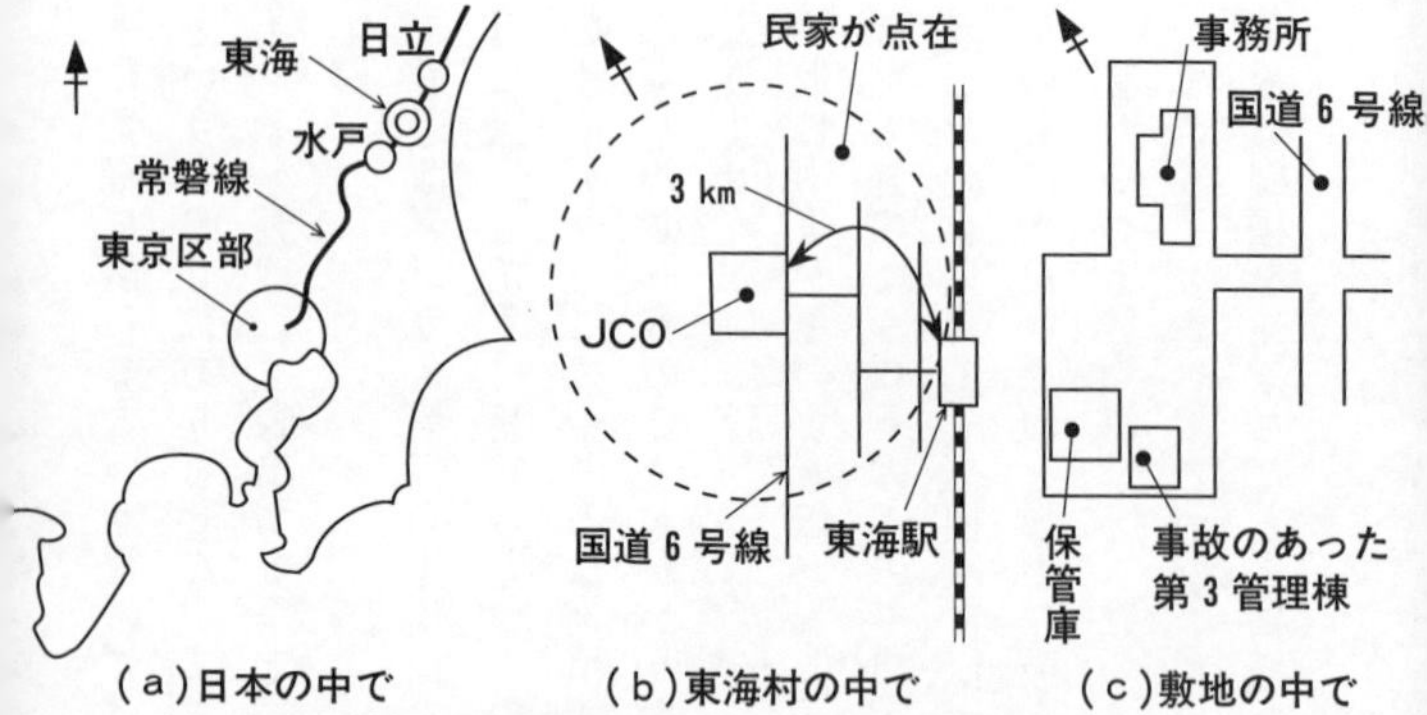

臨界事故を起こしたJCOの位置と配置

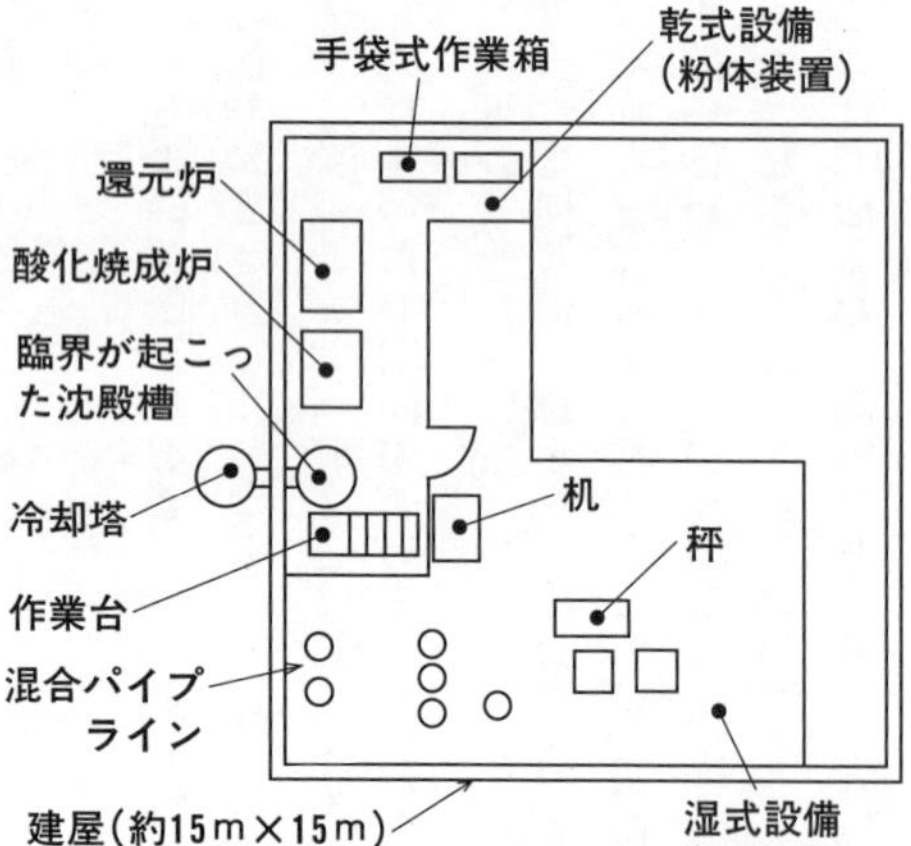

臨界事故を起こした装置の配置

九年九月に起こったこの事故は、国内初の臨界事故にして二名の被曝《ひばく》による死者を出したという、日本の原子力発電史上最悪のものです。以前から原子力の事故の発生を懸念していたので、私はとくにこの事故について強い関心を持ちました。

実際に事故現場を訪れて私がまず思ったのは、人が住んでいる場所から思いのほか近い場所で重大事故が起こっていたということです。JCO東海事業所がある東海村からして、東京からそれほど遠くない場所にあります。しかも、事故現場は、JR常磐線の東海駅からわずか三キロしか離れていません。また、すぐ近くには国道六号線という交通量の多い幹線道路があり、民家も点在しているのも私には驚きでした。

そのことはぜひ伝えなければいけないと思って描いたのが、「臨界事故を起こしたJCOの位置と配置」と題した三つの地図です。かなり簡略化していますが、大都市東京との位置関係や、近所にどんなものがあるかを描きました。また、これとは別に、臨界事故を起こした装置の配置も描いています。先ほどの地図と合わせてこの四つの図を見た人は、この臨界事故がどんな場所のどんなところで起こったかが正確にイメージできるのではないでしょうか。

事故現場を訪れたとき、私は放射能用の防護服を通してではあるものの、実際の作業に使われた機械や器具など現物に直接触れることができました。これらの写真もたくさん撮りましたが、事故現場を絵に描くにあたっては、この写真をそのまま写すことはしませんでした。ここで一番知りたかったのは、亡くなった人たちがどんなふうに作業をしていたかということです。これについては事故直後から話として伝わってきましたが、ひと目でわかるようなものがなかったので、絵によって再現する必要があると思ったのです。

こうして描いたのが、「事故を起こした沈殿槽での作業」と題した絵です。完成したものは単純な絵に見えるかもしれませんが、どこにもないものを描こうとしたので、かなりの時間をかけながらつくりました。この絵を見ると、どのような作業をしていたかがよく理解いただけるのではないでしょうか。

そして、「臨界を起こす条件についての暗黙知」と題した最後の絵では、現場の人が当然持っていなければならない知識を簡潔に描いています。臨界事故は、基準量を大幅に超える（質量制約）ウラン溶液をひとかたまり（形状制約）で投入することによって引き起こされたのですから、こうした暗黙知が現場で共有されていなかったことは明らかです。

上の作業の絵を見た人は、「なぜこんなやり方で作業をしたのだろう」と疑問に感じ、下の絵で、彼らの間では暗黙知が共有されていなかったんだというのがよくわかるでしょう。このようにポイントを整理して言葉や絵で説明するのが、「定式化」の作業なのです。そしてここから何を学ぶかという「**知識化**」の作業が始まるのです。

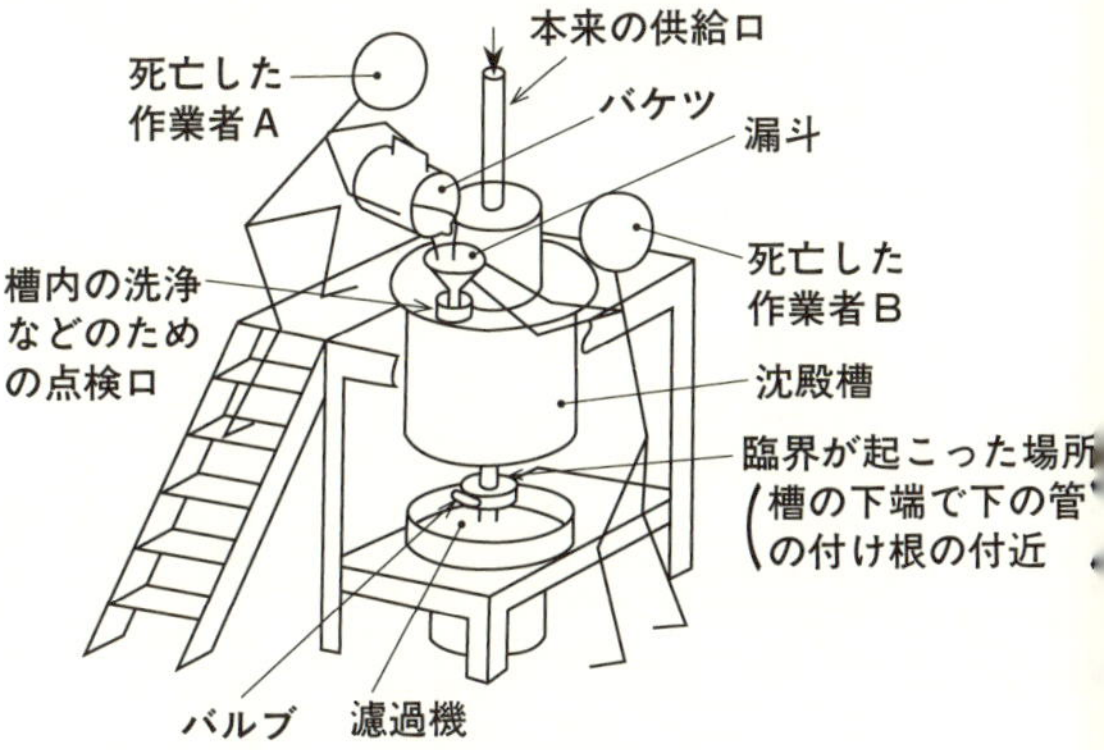

事故を起こした沈殿槽での作業

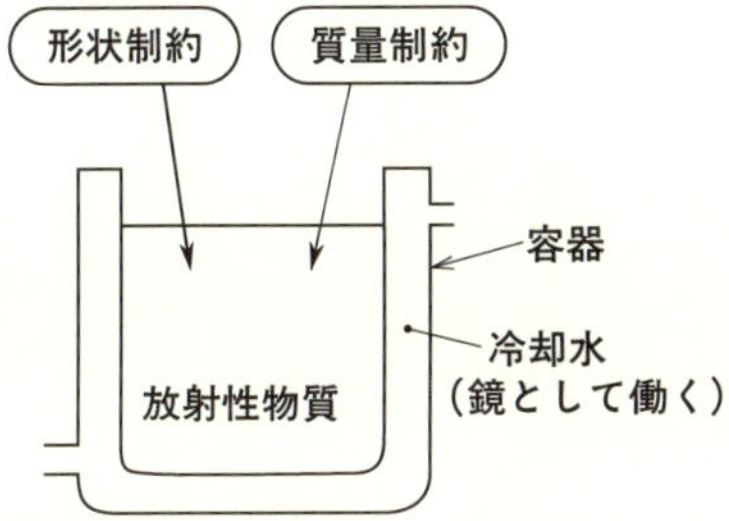

臨界を起こす条件についての暗黙知
—作業をする人が持っていなければならなかった知識—

物事の観察と描くということ

私の場合、あることを伝えるときに、現場にいる人の頭の中にどんなことが浮かんでいるかを絵で表現することもよく試みます。人間の頭の中の働きを分析して、これを絵に描くのです。その際、何をどのように描くかを考えるときには、かなり集中して考えています。ものによっては、それこそ一枚の絵のラフコンテを考えるのに、三時間ないし四時間程度かけることもあります。これを秘書がパソコンを使って清書するのですが、ラフコンテの段階でも清書の段階でも必ずブラッシュアップをするので、最終的に本などで使う絵は最初の段階よりかなり整理されたものになっています。

最近はどこの会社でも、データベース化が進んでいます。データベースは必要な情報を手軽に引き出せるシステムですが、必ずしもうまくいっているわけではないようです。たとえば、失敗事例集のようなものは、どこの会社でも用意しているようですが、現実にはこれらはあまり使われることがないようです。この原因は、提供している情報が「使える形」になっていないからにほかなりません。

仮に、これらの情報をポイントを整理してわかりやすく提供したら結果はちがってくるでしょう。「使える形」「欲しい形」になっていれば、誰でも試しに覗《のぞ》いてみることくらいはするからです。それには当然、私がいつも心がけているように、大事なポイントを知ろうとしている人が吸収できる形に整理して表現することが必要になります。これは絵に限った話ではなく、言葉で表現するときにも必要になる、ある概念を時間や空間を超えて伝えるときの共通の注意点だと思ってください。

私は現在、企業において失敗や創造についての研修を行う際、絵の描き方を指導したうえで、必ず参加した人たちに失敗事例を一枚の絵で表現させています。あるひとつの失敗事例を読んで、どういう状況でどのようにして失敗が起こったかを一枚の絵にするのです。その反対に、一枚の絵を見て、そこからどういう状況でどのようにして失敗が起こったかというのを文章で表現するということもよくやります。

そこで気づいたことですが、この作業がうまくできる人の共通点として、ふだんからものごとをよく観察しているということがあげられます。これは文章を絵にする場合も、反対に絵を文章にする場合もまったく同じです。日頃から物事をよく観察している人は、対象の特徴に常に注目しています。また、そのものが持っているメリットやデメリットを整理しながら見る習慣があるので、これを絵や言葉で表現するときに、そのものの特徴を際立たせて伝えることができるということではないでしょうか。

3 「現地・現物・現人」が、わかるための基本

変化する時代の対処法

「ものごとをよく観察する」と言うと、何だかものすごく当たり前のことを言っているように聞こえますが、一人ひとりが実際それをできていないのがいまの日本の大きな問題点だと、私は考えています。

勉強でもビジネスでも、成功したいと思ったら、多くの人はまず成功例に学ぼうとするでしょう。すでに成功している手本を真似れば、それで万事うまくいくような気がするから、そうしたくなるのは自然のことなのかもしれません。それは決して間違ったことではありません。うまくいく方法には、それなりの真理が隠されているからです。しかし現実には、思惑どおりうまくいくことはほとんどありません。成功例を真似ることで一時的にはうまくいくこともありますが、たいていの場合、やがて想定外のことが起こって最後は必ずダメになるのがオチなのです。

成功例に学ぶというのは、一見すると誰の目にも賢いやり方に思えます。それなのになぜうまくいかないかというと、お手本を模倣することでうまくいくと考えている人は、や

がてそれ以外の方法について「見ない」し「考えない」ようになるからです。これが最大の特徴で、成功例に学ぼうとする人はいつもこれを「つねに変わらないもの」としてとらえようとします。要するに、過去にうまくいったものは、いつの時代のどんな状況でもそのまま使えると思い込んでしまうということです。

この状態が長く続くと、よりよいやり方を探し求めることまでやめて「歩かない」ようにもなります。「わかったつもり」になって、「こうやれば必ずうまくいくはず」と思い込んでいるからです。ところが、時代は常に変化しているので、あるとき「よいやり方」だったものが、いつの間にか「ダメなやり方」に変わるということがいつも起こります。とくに現代のように、状況が日々刻々と変化している時代においてはなおさらです。それなのに、**「見ない」「考えない」「歩かない」の「三ナイ」主義**に陥っている人は、自分が行き詰まっていることにさえ気づけないでいるのです。

まちがった道を進んでいるのに、過ちに気づくこともできずになんの手立ても打とうとしないのです。その挙げ句、取り返しがつかない致命的な失敗を起こしてしまうというのが最近よく見かけるパターンです。その際、茫然《ぼうぜん》自失になるだけで、本人はなぜ大失敗をしたかさえ理解していないのですから、これほど不幸なことはありません。

失敗学は本書のテーマではないので、これ以上、ここでは詳しく述べませんが、いま日本中のあらゆるところで起こっている問題は、すべて根っこの部分にこの「三ナイ」という問題があることは強調しておきたいと思います。これを克服するには、これまでとは正反対のやり方をするしかありません。すなわち、**「現地」「現物」「現人《げんにん》」**の**「三現」**を基本とするということです。

つまり、意欲を持って現場に足を運び、そこで現物を直接観察したり現場にいる人の話に真摯《しんし》に耳を傾けるという方法です。これなしには、物事の本質を見ることはできません。つまり、なにかしらの目的意識を持って、実際の体験の中で自分自身でなにかを感じたり自分の頭で主体的に考えることが大事なのです。そのように行動している人だけが、どんな状況にも柔軟に対応できる本当の知力、本当の知識を体得できるし、これを生かしてまったくのゼロの状態からでも新たなものを創造できるのです。

観察するポイント

では実際に現場に出かけていって、ものごとを観察する際、どんなことに心がけて観察すればよいのでしょうか。ここでは工場見学の際に私がどんな視点で何を見ながらどのようなことを考えているかという話をしたいと思います。

ある自動車工場を見学したときのことです。そこでは三次元CAD《キャド》によるデザインの説

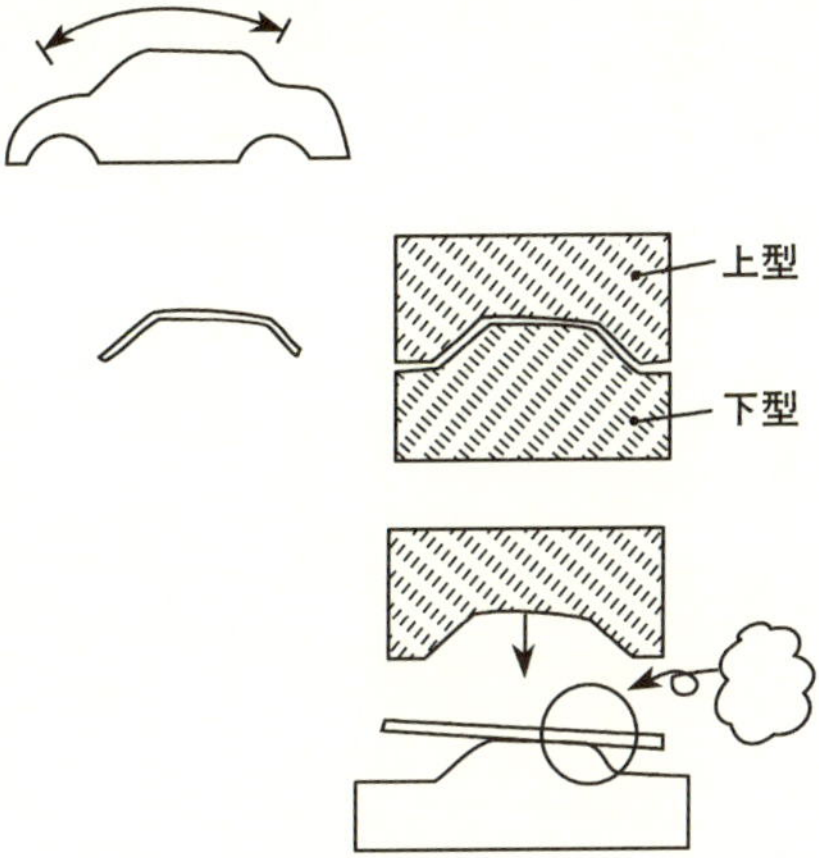

設計者が考えること

明を受けました。三次元CADというのは、コンピュータ内で三次元の図形処理によって製品の形状をモデリングする設計システムをいい、自動車に限らず現在のものづくりには欠かせないものです。

三次元CADで自動車がデザインできるというのは、コンピュータの中にあらゆるデータが入っていることを意味しています。このような外形のときに断面はどうなっているとか、この材質を使ったときに力学的な挙動はどうなるかというのをバーチャルの世界で確認できるのもそのためです。こういうものを見せられると、誰でも技術の進歩を称《たた》えて「素晴らしい。これなら設計変更のときに気がつかない問題の抜けがなくなって能率もよくなるにちがいない」というくらいの感想を持つでしょう。

しかし、設計者の立場で見れば、私にはそれよりも気になることがありました。それはこのシステムを使って設計する人が、そのものを実際につくるときに必要になるプレスの型を想像しているかということです。たとえば、この人が設計した自動車の車体が、前ページの図のようなデザインだったとします。この屋根の部分を実際につくるには、これを成形するための上型《うわがた》と下型《したがた》が必要になるわけです。

このときまともな設計者なら、下側の型の丸みの部分をどのようにして付けるかを気にするでしょう。プレスをするときには、鉄板のそれぞれの表面で異なる力が加わります。それぞれの曲がり方と伸び方のバランスによっては、鉄板がちぎれて裂ける危険性があります。こういうトラブルが起きないようにするには、設計者はどのくらいの丸みにすればいいか、あるいは希望どおりの丸みを出すためには型の表面をどうしたらいいかということまで考える必要があるのです。

見てくれだけのいわゆる「デザイン」のことしか考えないというのはダメで、そこは設計者が十分に考え尽くしていなければいけないところです。型をつくる人たちがこれに関するノウハウをきちんと持っていたとしても同じです。細かいことをいちいち指示しないにしても、設計者は常にすべての工程で起こる現象を頭の中に描かなければいけないのです。仮に型をつくる人にノウハウがないとすると、作業者任せにすることでたいへんなことが起こる可能性があります。これをきちんとやらないと、欠陥品が生じて失敗作を大量につくることになります。それが生産工程で目に見えるトラブルとして現れなければ、何年後かにリコールの必要に迫られて、会社は莫大な負担を強いられることになるでしょう。

直接見ているのは三次元ＣＡＤですが、私の頭の中ではこのようなことが巡り巡っているのです。そこで案内役である人に対して今度は、自分が気になった部分に関するノウハウを会社がどこまで持ち合わせているか、あるいは過去の失敗事例も含めて設計者にはどんな情報を提供しているかといった最も関心のある点を確認することになります。このような質問をしたときにどんな答えを返してくるかで、その会社の実情や将来性はだいたいわかります。

たとえば、私の質問に対してきちんとした答えを返してくる会社は、たいていは細かいところまでしっかりと考えて対策を講じています。もちろん、考えていなければ答えを返すことができませんが、一番気になるのは、わかっていても手を打てないでいるというパターンです。こういう会社は、担当者が、できないことの言い訳を始めるという特徴があります。たとえいまはうまくいっていても、失敗の種を放置したままの状態でいるのですから、こういう会社ではいずれ大きなトラブルが起こるのは目に見えています。

もちろん、私のほうは先方の好意で見学させてもらっているので、こういう場面に出くわしても、よほどのことがなければそこで議論をふっかけることはしません。見学の際、守秘義務の約束もしているので、会社の落ち度をどこかで喧伝《けんでん》することもありません。しかし、せっかく学んだことを無駄にしたくないという気持ちはあるので、こういう見学をしたときに気づいたことは印象記にまとめて自分用の資料にしています。このことは、次の節であらためて詳しく述べたいと思います。

関連で考える

いまの話のポイントはふたつあります。まずひとつめは、**自分が直接見ている部分にだけ注目するのではなく、関連するものとのリンクを見る視点**です。機械設計の世界では、このような視点を持って行う設計を「トータル・エンジニアリング」と呼んでいます。ただしこれは設計の世界に限らずすべての仕事に有効な共通した考え方でしょう。

ある部分を検討して「これなら大丈夫」と思っていても、考えの領域が自分の周りの狭い範囲内にしか及んでいない場合は、想定外の問題が必ず起こります。そう考えると、その事柄を実行したときにまわりにどのような影響が出て、それがどこまで及ぶのかまで見る視点がないことには、その事柄に対して本当の意味での正しい評価はできないことになります。ところが、多くの人は、ある程度自分の損得に関係のある領域に区切って思考し、その中で最適解を出そうとします。そのくせ本人は、全体を見たうえで最適解を出しているつもりになって「自分の見方にはまったく問題がない」と思っているので、これほど危険な状態はありません。

一見すると考えの抜けがないように見える設計・企画・計画でも、社会全体から見ると、ふつうはあちらこちらに抜けがあるものです。その中には、ある狭い領域では一番いいと思ってやっていることが、大きな部分で見ると結果として災いをもたらしているようなパターンもあります。これを私は、「部分最適・全体最悪」と呼んでいます。

これは特別におかしなことではなく、誰もが等しく陥る危険性があると考えるべきです。というのは、もともと人間には自分の領域以外のものには考えが及ばない性質があるからです。この種の問題を防ぐには、物事を観察するときに対象だけでなく、これとリンクする事柄についても考える訓練をする必要があります。たとえば、毎日の生活の中で、意識的に自分の専門領域の外側のことに関心を持ち、社会との関係について考えるのもひとつの手です。

逆演算の思考

先ほどの話に含まれている視点のふたつめは、「逆演算の思考」です。一般的に、数式の示すとおりに所要の数値を計算することを「演算」と言います。これを人間の思考パターンに当てはめて考えると、定められた定式やシナリオどおりにものを考えて解を出すのが「順演算の思考」ということになります。私が「逆演算の思考」と言っているのは、これと正反対の思考パターンで、いまの事象や起こりうる事象から逆に原因や事象にいたる脈絡を探っていくことを言います。私は図(c)に描いたように、順演算と逆演算の関係は開いた両手を合わせるというイメージでとらえています。順演算（左手）だけだとどうしても考えには抜けがあります。ですから逆演算（右手）を合わせることで、順演算における考えの抜けを補うのです。

企画・設計・計画などは、すべて順演算で進められます。まず目標を決めて、それを分析し、一つひとつやらなければいけない課題に落とし込んでいくという作業を行います。しかしこうした順演算に基づく作業では必ず「想定漏れ」ということが起こります。こうした想定漏れが後々事故や失敗の要因になっていくのです。そしてこの想定漏れを防ぐのに非常に有効なのが逆演算の考え方なのです。逆演算は最初に起こりうる事故や失敗を想定して、そこからだんだんとさかのぼり、最後に設計、企画の中に生かすという考え方を

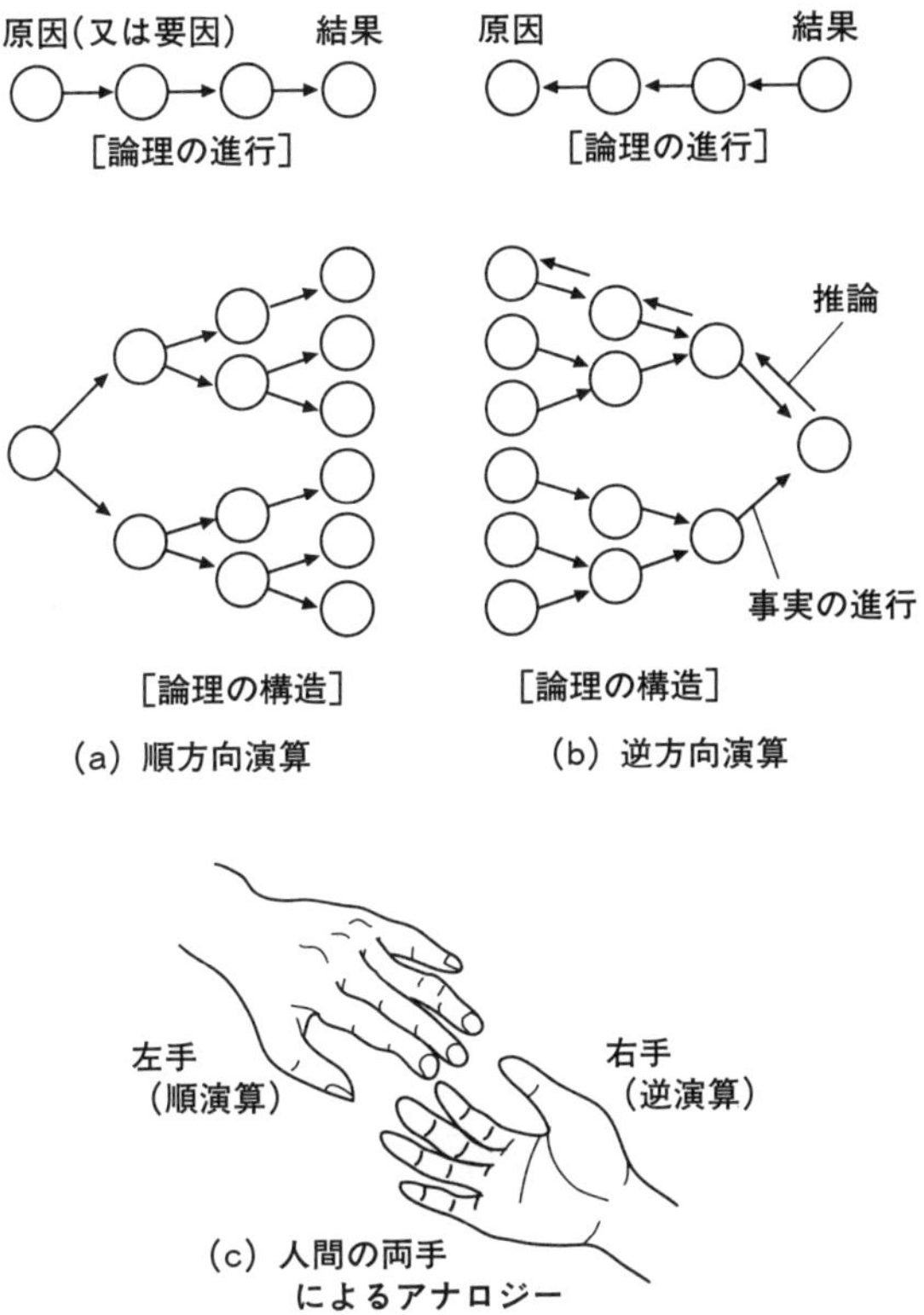
原因(又は要因)
結果
[論理の進行]
原因
結果
[論理の進行]
推論
事実の進行
[論理の構造]
[論理の構造]
(a) 順方向演算
(b) 逆方向演算
左手
(順演算)
右手
(逆演算)
(c) 人間の両手
によるアナロジー

順演算と逆演算

します。起こりうる事故や失敗は過去の経験を分析することで学ぶことができます。

じつは九五年以降、日本の自動車会社では、この逆演算の考え方を採用しているところが多くなっています。設計、品質保証、現場の責任者など、各部門の人間がそれぞれ過去三〇年くらいの失敗を記憶して、新しい設計、企画を逆演算の考え方で検討しています。検討の結果、設計・企画に漏れが発見されたら、すぐに修正するという作業を通じて想定漏れのない設計・企画になっていきます。これがまさに「わかる」ことの積極的活用です。日本の自動車産業の競争力が高いのも、こうしたことが理由のひとつだと私は考えています。

私は工場見学を行うときにも、必ずこの逆演算の思考からの視点で観察することにしています。見えている結果から脈絡を考え、そこから見えていない原因を探っていくのです。

たとえば、工場中に張り巡らされている配管にしても、AとBとCの配管がそれぞれ必要だから取り付けていこうというのが順演算の考え方だとすると、逆演算で見ると、AとBとCの配管を取り付けたときにそこに起こり得るミスを考え、たとえば配管の種類を瞬時に見分けるために色で区別をするといった工夫をします。また消防設備にしても、順演算だと法で義務づけられているから設置するんだという考えになりがちですが、逆演算だと、実際に火事になったとき、想定されることは何かといったことから設備を考えます。

余談になりますが、感度のよい会社だと、私が見学をした際こういった指摘をすると、他の部分でも逆演算の見方をして、次回訪れたときなど工場が見違えるように変わっていることがあります。ところが、管理主義に陥っている会社の場合は、単に第三者がどう評価しているかということばかりが気になるようです。逆演算の有効性に気がつかず、私の話を「こういう注意を受けたので改善しなければいけない」といったように、単なる欠点の指摘と受け止めるにとどまっているのが残念です。

逆演算のトレーニング

このように逆演算の重要性を認識している私は、自分でも日頃から逆演算でものを見るトレーニングをしています。たとえば出来上がった製品を見て、その製品がどのようにしてつくられたかを想像するのも有効な訓練です。つくる工程を逆にたどっていくのも逆演算のひとつです。

たとえば、二〇〇五年に島根県の横田町（現・奥出雲町）にある「雲州そろばん伝統産業会館」というところで、そろばんの珠《たま》づくりを見学する機会がありました。かつては「そろばんといえば雲州」といわれるくらいにそろばんづくりが盛んだった土地で、いまでも地場産業として根づいています。そこでそろばんづくりの歴史を学びながら、なおかつつくり方も学ぶという、たいへん貴重な体験ができました。

それまで私は、そろばんの珠がどのようにしてつくられているか知りませんでした。この見学を楽しみにしていたのはそのためです。ただし、見学の際に教わるだけでは頭に残りません。そこで事前にそろばんの珠のことを頭に浮かべながら、どのようにしてつくるのかを自分なりに想像して考えてみたのです。

そろばんの珠というのは、円錐《えんすい》がふたつ組み合わさったような形になっています。この形状を想像しながら私が思い浮かべたのは、「旋盤」を使う方法でした。材料の形状は円筒の棒で、中心にはあらかじめ穴を開けます。この棒が回転しているところに、先端が尖《とが》った刃物を当てて削り、次に刃物をずらして削るという手順でそろばんの珠独特の形状に仕上げていくのではないかと考えたのです。

しかし、この想像はものの見事にはずれました。実際にそろばんの珠づくりに使われていたのは、ホールソーのような機械でした。ホールソーというのは円形状のノコギリのようなもので、これを電動ドリルに装着して使うと簡単かつきれいな穴を開けることができます。そろばんの珠づくりに使われていたのはこれによく似た機械で、上の図にあるように板状の材料を片面ずつ削りながらつくっていたのです。

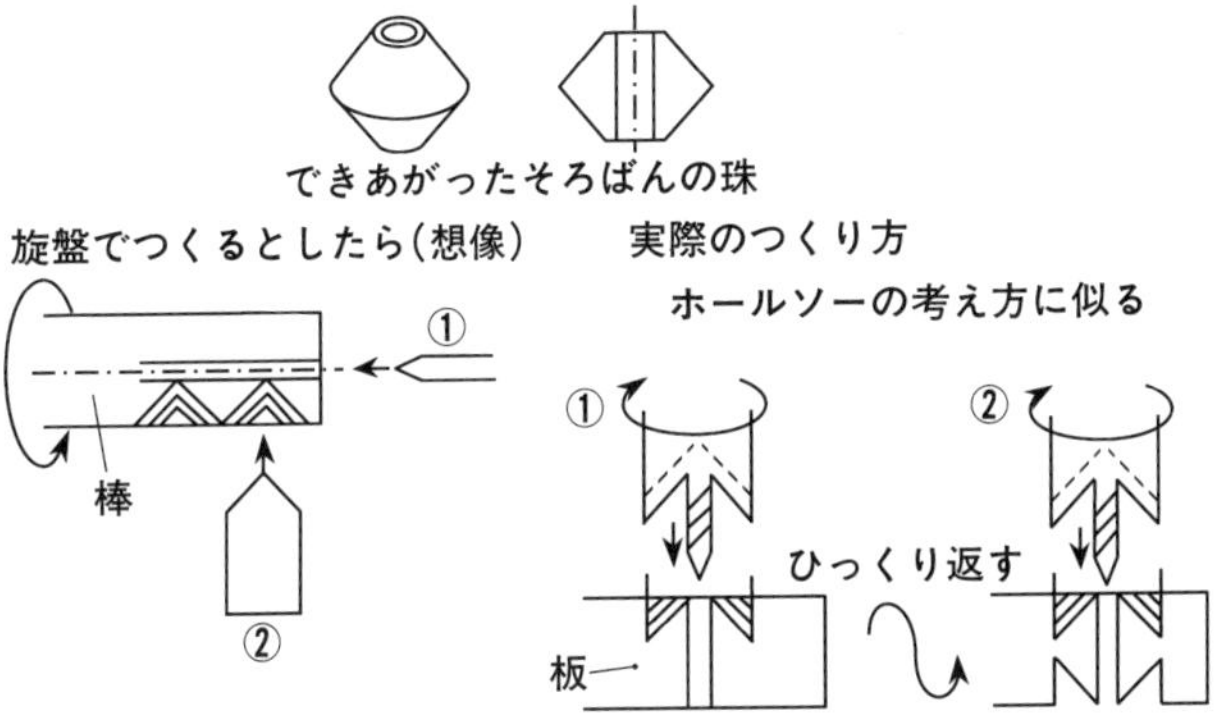

そろばん珠のつくり方

私の想像は見事にはずれましたが、大切なのは、答えを知る前にわからないなりに自分が持っている知識をフルに使って考えてみることです。このような経験をしている人とそうでない人では、実際の工程を観察したとき、理解の度合いがちがいます。そのことについて、自分なりに一生懸命考えた分だけ、深い理解に到達できるのです。

どんな身近なものでもテーマにできるので、逆演算の思考を使ったトレーニングそのものは誰でも簡単にできます。そこで得られた知見は、別の新しいものを理解するときに使えるだけでなく、何か新しいものを自力でつくるときにも十分に役に立つのです。

4 「わかる」ために記録をつける

記録を残すことの有効性

自分の得られた知識、新しくわかったことを確実にものにするには、必ず記録をつけることをおすすめします。

本章の第1節でも触れましたが、自分が理解したことを人に伝えようとするとき、自分の理解ではまだまだ考えの抜けがあったことに気づくことがあります。また相手に話したとき、相手の反応により、さらに考えが深まることもあります。自分が理解したことを記録に残すことも同じことで、記録することで考えの抜け、完全に理解できていなかったことに気づくこともあれば、さらに考えを深めることもできます。

また記録して保存することは、自分だけのオリジナルの外部の記憶装置を持つようなものですし、あとで人に伝達する場合も有効です。

そこで、ここでは、記録の方法について説明します。

すでに述べたとおり、私は生産現場である工場や大きなプロジェクトの現場を見学する機会がよくあります。これらの中には、企業にとって部外者には見せたくない現場もあるので、その場合は「自分が見たものをよそで一切話さない」という守秘義務の約束をすることになります。

とはいえ、これは口外しないというだけで、そこで得た知見を一切使ってはいけないという意味ではありません。私のほうも、せっかく得たものは、先方に迷惑をかけない範囲内で自分の活動に生かしたいという気持ちがあります。そこで見学を行ったときに得られた知見や知識は、自分なりにきちんと整理するようにしています。

具体的には、これらは「印象記」の形でまとめるようにしています。ある現場を見学することになった経緯や見学の目的から始まって、現場で自分が何を見てどう感じたかを記すのです。見学の対象によって多少内容は異なりますが、単なる感想文にせず、そこから得られた知見を整理して書くことを心がけています。

この印象記は、原則として第三者に見せることを前提にしていません。それでも、いつ誰が見ても内容が正しく伝わるという点に配慮してつくります。というのも、得られた知見をきちんと整理する知識化の作業をしていないと、後に自分がこれを振り返ったときに内容を正確に思い出すことさえできません。これではせっかく得た知見を何か別のものに役立てることなど到底不可能なのです。ですから自分が読者という立場で見たときにきちんと伝わるかというのを考えながらつくっています。

つまり、私の印象記は、自分の活動の単なる記録ではなく、後に使うことを考えながらそのときに自分が得た知見について書いているものなのです。これらが読み手に正確かつわかりやすく伝わることを第一に考えているので、図や絵もふんだんに盛り込んでいます。これをそのままの形で公開することはほとんどありませんが、かなり力を入れて書いています。

見学記の書き方

ものによって多少の増減はありますが、私が書く印象記は、A4の用紙でだいたい七、八枚程度です。保存しやすいように必ずA4の用紙を使うようにしています。一枚が一〇〇〇字程度なので、七〇〇〇字から八〇〇〇字くらいの分量になります。厳密に言うと、図や絵が加わるので、文章量はこれよりも少なくなります。

これも現場によって多少異なりますが、見学に要する時間は二時間程度というのが平均的なパターンです。その間、写真を撮ることはあってもメモは一切取りません。また見学の直後に、見てきた内容をすぐに文章にまとめたりしません。以前は、見学をしたその日のうちにキーワードだけを記したりもしていました。しかし、見た直後に出てくるものは頭の中で整理されていないため使いものにならないことがわかったので、いまは記していません。

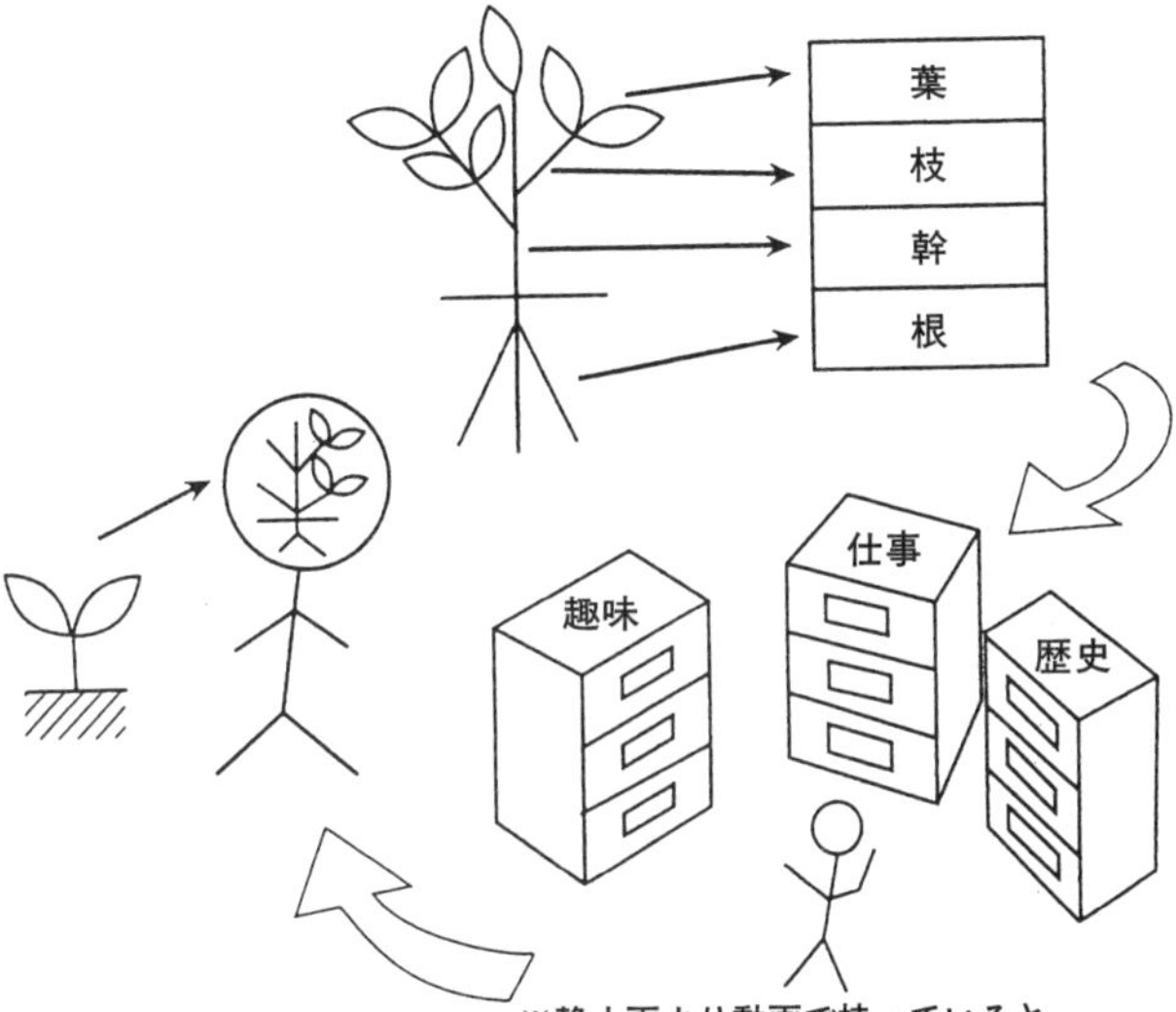

※静止画より動画で持っているとより効果的

頭の中に「知の引き出し」をつくる

このようにメモを取らなくても見てきた内容をほぼ正確に覚えていられるのは、現物を見たときに**対象を要素や構造に分解して記憶**するようにしているからです。何かを見たとき、自分の頭の引き出しの中にある要素や構造と比較して、「形がこれに似ている」とか「動きはこれに似ている」というように分類して記憶し、それを必要に応じて再生するときは、引き出しのラベルに従い再現しているのです。

　このようにして見たものを印象記に書き下ろす作業は、見学後、だいたい一週間から一〇日程度経ってから行います。ある程度の時間を置くのは、考えを深めるためです。不思議なもので、一週間、一〇日というふうに時間を経過させると、考えが深まるのと同時に純粋化されて、最も大事なことだけが頭の中に思い浮かぶようになります。これはもちろん、その間も見学のときに触れたものにずっと思いを巡らせているからだと思います。

書き下ろすときにまず行うのがキーワードの摘出ですが、このとき出てくるキーワードは、見学直後に頭に浮かんだものとちがって、余分な要素が削《そ》ぎ落とされたものになっています。これを印象記のラフコンテに記すのと前後して、正確かつわかりやすく伝えるために必要だと思えるものを図や絵にします。ここは重要なので、三、四日くらい「ああでもない」「こうでもない」と検討してから行います。

この時点で、考えはかなり深まり、純粋化によってその事柄の最も大事な部分がはっきり見えるようになっています。そのお蔭で、このときに描く図や絵には、言いたいことのエッセンスが正しく表現できています。さらに印象記をつくる前にキーワードの洗い出しとそれらの構造化を行います。そして最後に、キーワードと図や絵を見ながら口述します。この段階になれば、ポイントが整理できているので、だいたい三〇分もあればA4の用紙で七、八枚のものを口述できます。そして口述したテープを秘書が原稿に起こします。

もちろん、これで完成ではなく、ここからさらに推敲《すいこう》をしてブラッシュアップをしていきます。この作業は、自分が納得できる形になるまで何度も続けることもあります。私にとってこの印象記は、単なる自分の活動の記録ではありません。新たなものをつくり出す創造の資料であり、さらにはいずれ後世の人たちに伝えたいという気持ちもあるので、中途半端な形で済ませる気にはなれないのです。次ページに見学記の実例として、二〇〇五年一月に島根県のたたら製鉄を見学した印象記の一部を載せてみました。

アウトプットのすすめ

理解をさらに深めていくためには、人に伝えるにせよ記録をつけるにせよ、アウトプットしてみるのが一番です。

前述したように、本人がわかっているつもりになっているだけで、実際にはまったく理解できていないということがよくあります。実際に外に出してみると、そのことがよくわかるし、どの部分がどのように理解できていないかを整理できるというメリットがあるのです。

おそらく慣れないうちは、きちんと整理もできず、うまくアウトプットすることは難しいはずです。なかなか人にも伝わりにくいはずです。でもだからといって、**「頭の中できちんとつくりあげていないものは表出してはいけない」と考えるのはまちがいです。**最初

たたら見学印象記

畑村創造工学研究所
畑村洋太郎

見学日時：2005 年 1 月 28～29 日
見学場所：島根県仁多郡横田町　㈱安来製作所（ＹＳＳ）鳥上木炭銑工場
見学者　：　11 人
記　　録　：2005 年 2 月 18 日

1．見学概要

2005 年 1 月 28～29 日に仲間たちと島根県仁多郡横田町のたたら製鉄を見学した（写真 1）．1 月 28 日 8 時 15 分羽田空港発の飛行機で出雲空港に着き，空港からバスで 1 時間ほどの亀嵩（かめたけ）温泉の玉峰山荘に到着した．安来製作所（ＹＳＳと略す）の鳥上（とりがみ）木炭銑工場を見学し，その後たたらの作業現場を見た．この辺で一番大きい仁多町はお酒やお米が美味しくて有名なところで，斐伊川に面している．斐伊川の沿岸でたたら製鉄は行われている．29 日早朝にたたらの作業の最後の砂鉄と炭の投入工程を見学した後，炉を崩し，出来上がった製品である鉧（けら）を出すところを見学した．これらを見学した後，雲州そろばん伝統産業会館を見学し，出雲大社に参拝して，夜飛行機で帰京した．今回見学に行った場所を図 1 に示す．

戦争中に疎開していた鳥取県にはなんとなく親しみを覚えるが，島根県は一度松江近くの玉造（たまつくり）温泉に泊まりに行ったことがあるくらいであまりなじみがない．島根県を改めて地図で調べると（図 2），中国地方の西北にある細長い県（東西方向に 180km もある）で，人口は 70 万人しかいない．出雲・松江・安来など大きな都市はみな県の東北の宍道湖や中海の周辺に集まっている．石見（いわみ）銀山が島根県の中心部に位置している．かつて（江戸時代だと思うが）人口 20 万人の巨大都市であったのが，今はその面影もなく，すっかりさびれてしまっているそうだ．一度ここへも行ってみたい．

写真1　たたらの炉の脇に立つ著者

図1　今回見学に行った場所

長（ここの責任者）にも会った．

28 日夕方にたたら製鉄の作業を 1 時間半ほど見学した後，宿に戻り，みなで酒盛りをして 9 時半には寝た． 29 日の早朝 4 時半に起き，5 時にバスで出発した．作業場に着き，炭と砂鉄を入れる最後の作業を見学した．見学者は部屋の四隅から作業を見学した（図 3）．6 時過ぎに炉の崩しが始まり，7 時には終了した．これで鉄の塊である鉧（けら，幅約 1.2m 長さ約 3.5m で厚さが約 0.4m の鉄で海鼠の親分のような形のもの）ができあがった．これが冷えるまでの間に一旦宿に戻り，朝食後の 8 時半過ぎにもう一度作業場へ行き，鉧出しを見学した．9 時半に作業が終了した後，再び宿へ戻り休憩と昼食の後，雲州そろばん伝統産業会館を見学した．そこからまた北へ 30km 行き，出雲大社に参拝し，4 時 40 分出雲空港発の飛行機で帰京した．

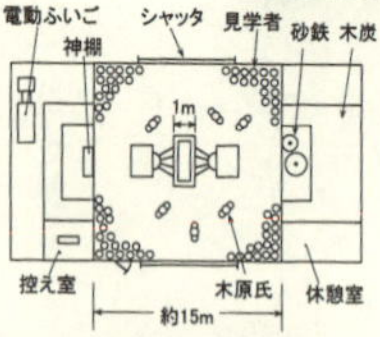

図3　たたら製鉄の作業場（高殿）

4．たたら製鉄

1 回のたたら作業は三日三晩を一代（ひとよ）として行う．1 回の作業に使用される原材料は木炭 14t（写真 3），真砂砂鉄 13.5t，炉を作る粘土 4t で，出来上がる鉧（鋼に相当する部分）が 4t，スラグに相当する銑滓 7t ができる．現在冬に 3 回～4 回の操業を行っているということである．高殿（たかどの，たたら製鉄の作業場）（写真 4）の目測による平面図を図 3 に示す．真ん中に約 1m，長さ約 3m の粘土でできた炉があり，その左右に送風管で吹管（すいかん，木呂管（きろかん）ともいう）の元となる部分がある．ここには昔は足踏み式のたたら（写真 5）が置かれていたそうである．そこから片側 10 本ずつ総計 20 本の吹管が放射状に炉につながれている．吹管は竹製で外側をかずら

写真3　たたらの作業に使う道具と木炭

写真4　鳥上（とりかみ）木炭銑工場の高殿（たかどの）

見学印象記実例

5．思うこと・考えること

（1）たたらの歴史

たたらは江戸時代に広く行われていたが，明治20年頃にヨーロッパの近代的な製鉄技術が日本に入ると競争に全く太刀打ちできず，たたら製鉄は廃れてしまった．それが太平洋戦争中に軍刀を作るために復活したが，敗戦の昭和 20 年にたたらは閉鎖され，それ以降全く作られなくなった．ところが日本刀が美術品として見直され，玉鋼が求められたが，全く生産されていなかったため，昔作られたものを少しずつ掘り出したり拾って来たりして使っていたようである．しかしそれも枯渇し，昭和 52 年に日本刀を作るための“玉鋼つくり”としてこの技術が復活することになる．その事業主体は日本美術刀剣保存協会（“日刀保”と略す）で，日立金属の子会社の安来製作所（YSS）が事業を始め，その作業所を鳥上木炭銑工場というのだそうである．昭和 20 年から 52 年までの間，たたらの技術は安部由蔵村下がしっかりと守り，技術として絶えないようにしていたそうである（写真 8）．安部村下はただ技術を守っただけでなく，材料が砂鉄 4 種類から 1 種類に変わった後も，鋼を多く作るための技術をきちんと作り出すことができたという．それは，昔から行われていたたたらとは全く違う考え方と手法を戦後に新たに発明したといってよいほどのものだそうである．正に“真の村下”である．昭和 52 年に 75 歳だった阿部由蔵村下に弟子入りしたのが，現在村下をやっている木原明氏である（写真 9,10）．木原村下も既に 70 歳であるが，木原氏から戴いた自伝記事を読んでみたところ，宇部工業高校（相撲が得意だったそうである）を卒業して日立金属に入社し，研究所で実験の手法を徹底的に身につけたようである．昭和 10 年生まれで昭和 52 年のたたら再開のとき，42 歳の木原氏は自ら志願して阿部村下の弟子となったそうだ．現在木原氏は人間国宝になっている．全くすばらしい人と知り合いになったものである．

写真8　阿部村下

写真9　村下の木原明さんと筆者

写真10　村下の木原明さんと筆者

（2）頭の中の推測

たたらの村下が頭の中で何を考えているかを勝手に推測してみた．

まず，図 5 の(a)は炉の壁の断面である．粘土でできた炉の中で砂鉄と木炭が燃焼し，還元・脱炭が同時に行われ，出来上がったものが一番下にたまっていくのである．ただし，そのとき木炭と砂鉄だけが反応しているのではなく，炉の内側が犠牲材料となり，鋼滓（こうさい，スラグ）をつくることになる．簡単にいうと，砂鉄と木炭が粘土の壁を食うのである．そしてできた鉄の一番重いものが下にたまる．

次に，(b)は中の空気の流通を描いたものである．隙間風・滴・たまりである．30 分毎に上から投入される砂鉄と木炭は互層になっているに違いない．これは高炉などと同じであるが，ここでは多分平らに置かれているのだろう．炉の左右から吹管を通して吹き込まれた空気が木炭を燃焼させながら上昇していく．ふいごによって勢いよく空気が送り込まれたときには中に炎が上がり，それが止まったときには炎が小さくなる．図示したように，炉の中に風の道ができているに違いない．そして上から滴が少しずつ滴り落ち，それが一番下に鋼として溜まっていくのだろう．このようなところもまた高炉と同じように見える．そして徐々にこのケラが成長する一方，壁が食われていく．最後には炉壁が薄くなり，中の高温のケラの温度が伝わり，炉の一番下部の壁が赤く見えるようになる．炉が赤熱した様子から三日三晩の操業の終わりのときが見えてくるように思う．

(c)には，炉の地下部分の構造から考えられることを描いた．考えていたのは地中の温度と湿度の場ではないだろうか．まず炉のすぐ下は灰と木炭でできており，断熱層になっている．そしてその両側にある小舟は横方向の断熱をするだけではなく，炉床から熱を逃がしたり，この部分全体の温湿度を均一化する役割を果しているに違いない．この空間が断

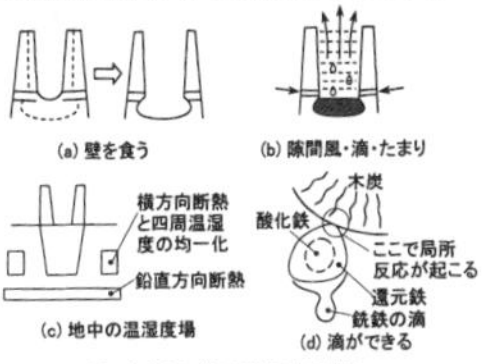

図5　たたらの村下の頭の中の推測

のころはまだ生煮えのモヤモヤした状態でも一度表出することをおすすめします。

どんな状態であれとりあえず表出して人に伝えようとすると、「よくわからないから、ここはどうなっているかきちんと教えて欲しい」といったようにいろいろ聞かれたり「それはこういうように考えたらいいんじゃないの」とアドバイスをもらえる機会を得ることができます。そこであらためて考えているうちに、これまで気づかなかったことに考えが及んだり、自分が何を理解できていなかったかがはっきりわかり、自分の考えも深まっていきます。

畑村流手帳の書き方

理解したことを記録する方法として、ここでは印象記の書き方を紹介しました。しかし、これは何かを見たときに得られた知識をまとめる本格的な方法なので、もう少し手軽にできる方法として、私がやっている手帳を使ったやり方を紹介しておくことにします。

じつは手帳の使い方には、私なりに昔からかなりこだわってきました。いまのような使い方になるまでには、紆余《うよ》曲折を経ています。

一口に手帳といっても、いろんなタイプのものがあります。私がいま使っているのは、伊東屋（東京・銀座）の製品で一週間のスケジュールが見開きの二ページで確認できるものです。そして一日分は横書きで一行が二五〜三〇字で七段しかありません。ここに何時にどこに行くとか、誰が来るというようにスケジュールを書きます。それがその日が終わると、同じ場所にその日の出来事を書くことによって日記に早変わりするというのが私流のやり方です。

十数年前までは、一週間分が四ページという別の会社の手帳を使っていました。見開きで三日ないし四日分なので、スペースが広いためにその日の出来事としていろいろなことを書き込むことができましたが、見開きで一週間が見られないのは、自分のリズムに合わないのでやめました。ところが、見開きで一週間となると、かなり要約しないと大事なことをすべて書くことができません。しかも、私の手帳は自分の活動の記録でもあるので、あとから再現できないことには意味がないのです。そんなことでいまの形になるまでには、いろいろと試行錯誤しながら工夫を凝らしてきました。

意外に思われるかもしれませんが、この短いスペースの中には、起床と就寝の時間、それに昼食や夕食に食べたものも記録しています。とくに食べることは、自分の中で大事なリズムをつくっているという意識があるので、私としては絶対にはずせない項目です。また、その日の天気も必ず入れるようにしています。これは単純に「晴れ」とか「雨」とかとするのではなく、「これこれの理由で暖かかった」というふうに理由や印象にも触れることがあります。こうして天気を入れることで、当時のことが体感を伴ってよく再現できるようになるのです。

こんなふうに、そのときどきの自分の印象を大事にしているので、誰かに会ったときには、そこで話したことや感じたことを書きます。講演を聞いたときには、「面白かった」「つまらなかった」と感想を書いたりもします。ときには何も書き込まないこともありますが、その場合は印象が希薄で、何かを書き込みたくなるような心境ではなかったということです。

手帳に書き込める文章量は、一日分が七行で、文字数にするとおよそ二〇〇字程度です。たいした分量を書き込めるわけではないので、とくに忙しい日になると、スケジュールを書くだけでかなりのスペースが取られます。その小さなスペースにその日の記録を書き込んでいくのですから、かなり要約しないと何も書けないことになります。

このように手帳に何かを書くときには、必ず鉛筆を使うことにしています。予定が変更されることもあるし、もともと書き込むスペースもそれほどないので、これを有効利用するためです。仮にボールペンなどで書いてしまうと、訂正するのがたいへんです。訂正部分の文字に線を引いて消すようなことをすると、活用できるスペースがなくなってしまうので、鉛筆と消しゴムを使って訂正部分はこまめに修正していくしかないのです。

創造は日々の活動から生まれる

こうして書き上げた一日分の七行には、かなりの情報が集約されています。そしてたとえばこれを一年後に見たとしても、その日のことを鮮明に思い返すことができます。それは七行の中に書いてある言葉が、記憶をよみがえらせるカギになっているからです。この原稿を書くに当たって、あらためて実験してみましたが、一年前のある日のことをきっちり再現できました。

次ページに例として示したのは、二〇〇四年の一〇月一〇日（日）と一二日（火）の日記です。

一〇日は日曜日で仕事は休みでしたが、娘の高校生活最後の運動会があり、これに妻と二人で見学に出かけたことが書いてあります。右上にある〔　〕は、前日からの予定が続いていることを示しています。当初の予定では、前日から友人たちと泊まりで山登りに出かけ、私だけ早めに電車で戻って娘の運動会の見学に行くことになっていました。それが台風で天気が悪く、山登りの方は取り止めになったことを（取止）の文字で表しています。

運動会は、娘の高校のある東京郊外の運動場で行われました。正午くらいに運動場に着

2004年10月10日の日記

くもり 午後霧雨

10 1じ半手帳1h。5じおき、(娘)を飯田橋に　○（取止）→〔〃〕

SUNDAY 送り、のち、北の丸で(妻)と(次)散歩。　〔(娘)運動会〕

7じ帰宅。納豆とヨーグルト朝食。7じ半〜9じ朝寝。雑処理。

10じ45分(妻)と車で出立。台風明け、連休で渋滞ひどく1じ半

運動場着。(娘)最後の「荒城の月」マスダンスに間に合う。よかった。

3じ15分閉会式。4じ(妻)と「ロイホ」で昼食。途中買物をして7じ

帰宅。机上整理。9じ(息)と夕食。ソースかつ丼。(次)。10じ半ねる。

2004年10月12日の日記

くもり 小雨

12 6じ半おき。(次)散歩。◇35〔10/12 JR在来線ダミー実験〕。

TUESDAY 8じ20分(息)と出立。9じ10分大井着。G氏にTel。（ECP3年生メテク）

10じ集合。日産3人、NHK・Y氏・S氏＋2人＋大道具2人、(は)創研6人＋(は)、

ナブコ1人、JR、H氏・T氏・A氏他全約10人、10:30セットアップ

開始、12:20昼食、1:00全体会合、1:30作業、3:00 6歳児ダミー駆込・3歳

児ダミーベビーカー、5:50了。片付に並行してベビーカー車輪挟まれ実験。

（＊）7合唱at駒込、8じ20分着。9じ半帰宅。(妻)と(次)　1じねる。

10/12（＊）6:30車両内で終了ミーティング。7:00〜7:20事務所で
新幹線実験（10/26）打合せ。7:20終了。

日記例

(は)は畑村の略、(は)創研は畑村創造工学研究所のこと。

くつもりで余裕を見て一〇時四五分に家を出ましたが、台風明けと連休が重なって渋滞がひどく、実際には予定より一時間半遅れの午後一時半の到着でした。

それでも最後の目玉のプログラムである「荒城の月」のマスダンスには、なんとか間に合いました。ここに書いてある「よかった」という言葉から、道すがら冷や冷やさせられた状況を思い出します。「4じ㊧と『ロイホ』で昼食」というのは、午後四時にようやくロイヤルホストで妻と昼食を食べたということです。その日はそれまで昼食をとるヒマもなかったのです。

翌々日の一二日は、「JR在来線ダミー実験」と書いてあります。これは「ドアプロジェクト」でJRの在来線を使い、ダミー人形実験をしたことを意味しています。ドアプロジェクトというのは、二〇〇四年三月の六本木ヒルズの自動回転ドアにおける男児の死亡事故を機に私が主宰で立ち上げた私的プロジェクトのことです。ドアに潜む危険と安全化への指針を得るのが目的で、事故があった回転ドアに限定することなく、建物に使われる開き戸、スライドドア、エレベータドア、シャッター、自動車ドア、電車のドアなど「ドア」と名のつくものすべてを実験対象にしました。プロジェクトそのものは二〇〇五年五月に報告書をまとめて解散しましたが、その過程は、NHKがドキュメンタリー番組をつくって二〇〇五年の春に「安全の死角」と題して放映しました。また、現在、一冊の本としてまとめる作業を進めているので、興味のある方は是非そちらを読んでください。

一二日は、六時半に起きて犬の散歩を行った後、プロジェクトを手伝っている息子と一緒に出かけました。起床時間の次にある「(次)散歩」は、犬の次郎と散歩に出かけたことを表しています。手帳の中では家族も名前の一文字で表していますが、わかりやすいように例の中では「(妻)」や「(息)」「(娘)」という表記に変えています。

同じ一行目の「JR在来線ダミー実験」の前にある「(35)」というのは、二〇〇四年一月からの累計で実験や見学で現場を訪れたのが三五回目であることを示しています。現地・現物・現人をモットーとしている私にとって、自分がその年にいくつの現場を訪れているかは重大な関心事項です。そのためこのように、自分がどの程度現場に行っているかがひと目でわかるようにしています。

「G氏にTel」とあるのは、別のプロジェクトでGさんに大切な用件があったからです。ここに書き付けておくと、いまでもGさんとどんな用件で話したのかが、思い出せます。(ECP3年生メテク)というのは、毎週火曜日は工学院大でECP(エンジニアリング・クリニック・プログラム。企業での実際の開発課題を学生が解決する演習)という授業を一時からやっているのですが、この日は学生たちが授業の一環で「メテク」という医療機器の会社へ見学に行き、私は工学院大学へ行く必要がなかったことを表しています。

ドアプロジェクトにはJR東日本もメンバーとして参加しており、この日は品川区の大井町にあるJR東日本の東京総合車両センターで山手線の実車を使ってダミー人形の挟まれ実験を行うことになっていました。JR東日本が実験用に提供してくれたのは、営業運転中の列車が故障したときなどのためにすぐに出動できるように待機している予備電車です。利用客の少ない昼間はともかく、夕方のラッシュ時にトラブルが起きたときには実験を中断してでもすぐに出動しなければならないので、そのことを前提に実験のスケジュールを立て、その予定を着実にこなしていったわけです。ちなみに私はどんな人が参加したのかをなるべく記すことにしています。こうすればあとで誰と体験を共有したかがわかるので、仕事を進めるとき便利なのです。

六行目の真ん中にある「5：50了」は、「五時五〇分に実験が一応終了した」という意味です。完全に終わった場合は「完」となるので、この実験がいかに慌ただしいものだったかこれだけでわかります。その後、一〇月二六日に予定していた新幹線のドアでの実験の打ち合わせを事務所で行ってから帰りました。この日はかなり書くことが多く書ききれなかったので、(*)をつけて欄外に中身を追加で書いています。

最後の行に「7合唱ａｔ駒込、8じ20分着」とあるのは、実験終了後、趣味で行っている区の合唱団の練習に遅ればせながら参加したということです。練習は毎週火曜日の七時から九時まで行われています。よい気分転換になるので、これだけはどんなに忙しくても遅刻しても行くことにしています。この日は珍しく食事のことを書いていませんが、それは時間がなかったので駒込の駅前の牛丼屋で済ませたからです。合唱の練習の前にはよくあることで、自分ではすぐに思い出せるので、あえて書く必要もありませんでした。

このように私は、一年前のことでも日記を読めば克明に思い出すことができます。時間を超えてこれをそのまま思い出せるのは、七行の中にその一日を象徴する構成要素を入れているからでしょう。つまり、手帳の中に書いてあるそれぞれの言葉は、その日の行動や何を考えたかということを代表しているものなのです。だからこそ、これを見た瞬間に、その言葉のまわりにあるものがすべて思い返すことができるのです。

たとえるならこれは、パソコンの中でデータの圧縮と解凍を行っているようなものです。だから私の場合も、一日の出来事を手帳に書き込むのに毎日三〇分くらいはかかっています。それくらいやらないと、いつでもどこでも再現できる記録はできないし、そもそもこれは圧縮・解凍の訓練にもなるので、時間を割いて行う価値は十分にあるのです。

私は見学記をはじめ、打ち合わせの資料、読んだ本などすべての記録には必ず日付を一ページ目の右肩に入れることにしているので、手帳から記録を探し出すことができます。また逆に記録から手帳の日付に戻ることにより、そのときどんなことがあり、ほかにどんなことを考えていたかを頭の中で立体的に再現することもできるのです。

　そうした意味で手帳は私の活動の要《かなめ》をなしているといえます。

　というのも、私は**創造とは日々の実際の活動の中からしか生まれない**と考えているからです。自分がどのような事象に遭遇したのか。そのときどのようなことを考えたか。人と会って話したとき、どのようなことを考えたのか。すべての創造はそこから生まれていきます。だからあとで見て、きちんと記憶を再現できるように、相当意識して手帳を使っているのです。

おわりに

私はいままでになかったものを新たにつくり出す「創造」と、それに必然的についてくる「失敗」とに焦点を当てて考えたとき、「わかる」ということを避けて通れないことに気がついてこの本をつくりました。

本の中でも触れていますが、私は生産の現場や事故の現場には機会があればできるだけ足を運び、そこにいる人たちに話を聞くことにしています。そこから見えてくるのは、現在技術・産業がひとつの壁に当たっているという事実です。簡単に言うと、従来の成功方程式は通用しなくなったけれどまだ新しい成功方程式が見つからない、そうした暗中模索の状況なのです。ではその壁を突破する方法はあるのかと考えたとき、ひとつの有効な方法が、「わかる」ということを真正面から取り上げることではないかと思っています。

これはうまくゆく方法を徹底的にやり尽くす考え方から脱却し、未知のことがらに挑戦して新しい道を自らの力で切りひらく考え方、すなわち創造への道に進むことなのです。この「創造」のもとになるのが「わかる」なのです。

また失敗についても同じことが言えます。

とくに二〇〇〇年以降、信じられないような事故や失敗がさまざまな分野で起こっています。以前でしたら、こうした事故や失敗は「個人的なミス」や「技術的な問題」ということで片付けられて、「ミスは起こすべきではない」とか「ミスは起こらないはずだ」といった「べき」「はず」論でなんとかやってこられました。

しかし今日ではこのような形式主義的な失敗の考え方や取り扱い方こそが次の失敗の準備をしていることになると考えられるようになってきました。対症療法的な手法はもう通用しないのです。「べき」と「はず」では失敗は防げないのです。

数多くの失敗を分析していると、結局、「ヒューマンエラー」と「組織の失敗」というふたつの要因に行き当たります。つまり、「人は必ず失敗する」ということと「人の集合体である組織は、その存在そのものにミスを起こす特質がある」ということをまず認めることからしか、解決の道は見出せないのではないか、そんな気がするのです。

そしてその解決の道もまた、「人がわかるとはどういうことか、わからないとはどういうことか」ということを真正面から取り上げることでしか開けてこないのではないかと考えています。

この本を読んで「なんだ、この本を読んだら、人から聞いた話やテレビのニュースが、簡単に『わかる』ようになるのかと思ったけど、読んでもちっともそうならなかった」と思う人がいるかもしれません。そうした期待にすぐに応えられなくて申し訳ないという気もしますが、この本は「簡単にわかるようになる」本ではなく、「『わかる』って何だろう」ということをまずきちんと認識して下さい」という本です。まず認識していただいて、そこから本に書いたようなことを意識して実践していただければ、必ずや実りがあるものと確信しています。

いままでの教育ではほとんどの場合、まず正解を教えて、実際に生徒・学生がわかろうがわかるまいが「これが正解だからわかるべきです」というやり方で授業が進められてきました。このような考え方で授業をやり続けることはやらないよりはましですが、本当に学ぶ人の身にしみこんだ知見にはなりません。すべての教育は「わかる」ことを基本とし、そのための内容の再編成や見直し、さらには教育方法の見直しも行われるべきではないでしょうか。

もし「私は学生時代、自分の頭で考えていくことの大切さを学んできた」という人がいたら、その人は自分の先生を真の恩師と呼べるような幸福な出会いをしてきた人でしょう。でもそのような幸福な出会いをしてこなかった（おそらく大部分の）人にとっても、「だからもう遅い」と嘆く必要はありません。是非いまからでも「わかる」とは何かを考えて自分で動き出してみて下さい。

講談社現代新書　1809

畑村式《はたむらしき》「わかる」技術《ぎじゅつ》

二〇〇五年一〇月二〇日第一刷発行　二〇〇六年一二月一五日第八刷発行

著者　畑村洋太郎《はたむらようたろう》

発行者　野間佐和子

発行所　株式会社講談社

東京都文京区音羽二丁目一二―二一　郵便番号一一二―八〇〇一

電話　出版部　〇三―五三九五―三五二一

販売部　〇三―五三九五―五八一七

業務部　〇三―五三九五―三六一五

装幀者　中島英樹

印刷所　大日本印刷株式会社

製本所　株式会社大進堂

定価はカバーに表示してあります　Printed in Japan

N.D.C.002 189p 18cm

ISBN4-06-149809-6

「講談社現代新書」の刊行にあたって

教養は万人が身をもって養い創造すべきものであって、一部の専門家の占有物として、ただ一方的に人々の手もとに配布され伝達されうるものではありません。

しかし、不幸にしてわが国の現状では、教養の重要な養いとなるべき書物は、ほとんど講壇からの天下りや単なる解説に終始し、知識技術を真剣に希求する青少年・学生・一般民衆の根本的な疑問や興味は、けっして十分に答えられ、解きほぐされ、手引きされることがありません。万人の内奥から発した真正の教養への芽ばえが、こうして放置され、むなしく滅びさる運命にゆだねられているのです。

このことは、中・高校だけで教育をおわる人々の成長をはばんでいるだけでなく、大学に進んだり、インテリと目されたりする人々の精神力の健康さえもむしばみ、わが国の文化の実質をまことに脆弱なものにしています。単なる博識以上の根強い思索力・判断力、および確かな技術にささえられた教養を必要とする日本の将来にとって、これは真剣に憂慮されなければならない事態であるといわなければなりません。

わたしたちの「講談社現代新書」は、この事態の克服を意図して計画されたものです。これによってわたしたちは、講壇からの天下りでもなく、単なる解説書でもない、もっぱら万人の魂に生ずる初発的かつ根本的な問題をとらえ、掘り起こし、手引きし、しかも最新の知識への展望を万人に確立させる書物を、新しく世の中に送り出したいと念願しています。

わたしたちは、創業以来民衆を対象とする啓蒙の仕事に専心してきた講談社にとって、これこそもっともふさわしい課題であり、伝統ある出版社としての義務でもあると考えているのです。

一九六四年四月　野間省一